アネサラ《アネチャ》　シネウプソロ《ひとつのふところ》

アイヌとして生きた遠山サキの生涯

遠山サキ✦語り

弓野恵子✦聞き書き

地湧《ちゆう》社

目次

第二章　家族を持って

第三章　日常の暮らし・アイヌの心　141

第一章　アネチャに生まれて

アネチャに生まれて

わしは、浦河町のアネチャ（姉茶＝注）というところで、父居壁《いかべ》善太郎と、母遠山サヨの四女として生まれたの。アネチャで生まれて、それからずっとここに住んでいる。母サヨのことは、ハポって呼んでいた。アイヌ語で母親のこと。ハポは、今は富里と呼ばれているところに住んでいて、その当時は、そこはトルケシ（沼の端という意味）っていっていたそうだ。それが鳥岸になって、さらに富里になったと聞いている。

ハポは子どもの頃、友だちと遊んでいたときに、どうしたのかわからないんだけど、右の足首を骨折したらしいの。痛いから歩けず、泣きながらずっと暗くなるまでそこにいたら、父親が迎えに来たんだって。でも、医者にもかからないから、骨折したところはそのまま固まってしまって、ふつうに歩くことができなくなったんですと。

だからハポは、杖を使って歩いていたんだけど、それも自分の背丈より大きい棒を杖代わりに使っていたって。足は不自由だったけど、ものすごく働き者で、手はとても器用な人だったって聞いている。草取りをするときは、先のほうに杖を投げて、そこまでひざをつけたまま草を取りながら進んでいって、杖のところまで来たら、また杖を先に投げてというのを繰り返したんだって。針仕事も得意だったから、縫い物なども頼まれてやってい たようだ。暗算もできて、そろばんも得意だったらしく、頭の良い人だったと聞いている よ。

そのハポが、野深《のぶか》出身の居壁善太郎と結婚したんだ。足が悪かったから、だれかいっし ょになってくれる人があったら、その人といっしょになれ、って小さい頃からいわれてい たらしいよ。ハポには姉がいたけど、みんな嫁に行っていたので遠山姓を継ぐものがな く、善太郎は遠山の婿に入ったんだ。

わしは父のことは、オトウと呼んでいた。ハポは戸籍では一八九一（明治二十四）年生ま れとなっていて、すぐ上に姉のサト、そして妹に、カツナン、イト、ミネがいた。戸籍に は、ハポの両親は、父が胡蝶、母がサトシマクって書いてある。胡蝶は、アイヌの名前に 漢字を当てはめたんだろうか。男も女もアイヌ語名をカタカナで書いたり、男には漢字を 当てて書いたりしてあるものが多い。オトウのほうは、父がチョラビ、母がイタㇰパテㇰ だって聞いている。

そんなハポとオトゥの間に、一九二八（昭和三）年六月十二日、わしが生まれたの。わしの上に何人かいたようだけど、五歳年上の兄の善吉のほかは早くに死んだらしく、リエ、キサヨ、という名前だけ記憶に残っている。リエはジフテリアで亡くなったって聞いたこともある。戸籍には、勘太郎という名前ものっているけど、生き残ったのは、兄の善吉と、わしだけ。

オトウはふだんはおとなしい人で、よく働いた人だったけど、仕事を終えてうちに帰ってくると、焼酎を飲んで、酒の勢いでハポに八つ当たりをして、すぐに叩いたんだと。酒で性格が変わってしまうんだ。当時は、仕事先でもアイヌはたいへんな思いをしていただろうし、うちに帰ってきても、入り婿だっていうことで居場所がないようで、オトウも苦しんでいたんだろうね。

晩になって、オトウが大声を張り上げだすと、ハポはわしをおんぶって杖をつき、あんちゃんの手を引いて、近くの畑やヨシ原あたりを歩いて、オトウの酔いがさめるのを外で待っていたようだ。ハポだって、毎日朝から晩まで働き詰めで疲れているのに、夜は夜で、オトウから逃げてまわるんだからね。睡眠だってじゅうぶんとれなかっただろうし、上の子ども三人を亡くして、わしとあんちゃんの二人を抱えて、それはそれは、たいへんなことだっただろうと思うよ。わしが四歳の春の三月、ハポは突然亡くなったの。

母　遠山サヨ

（注）一八七一（明治四）年、戸籍法が公布され、アイヌを平民籍に編入することになり、各人に姓を付けることとなった。野深村住民は居壁、平野、姉茶村住民は浦川、鳥岸、後辺戸（東栄）村住民は遠山、深沢という姓を付けた。

遠山家家系図

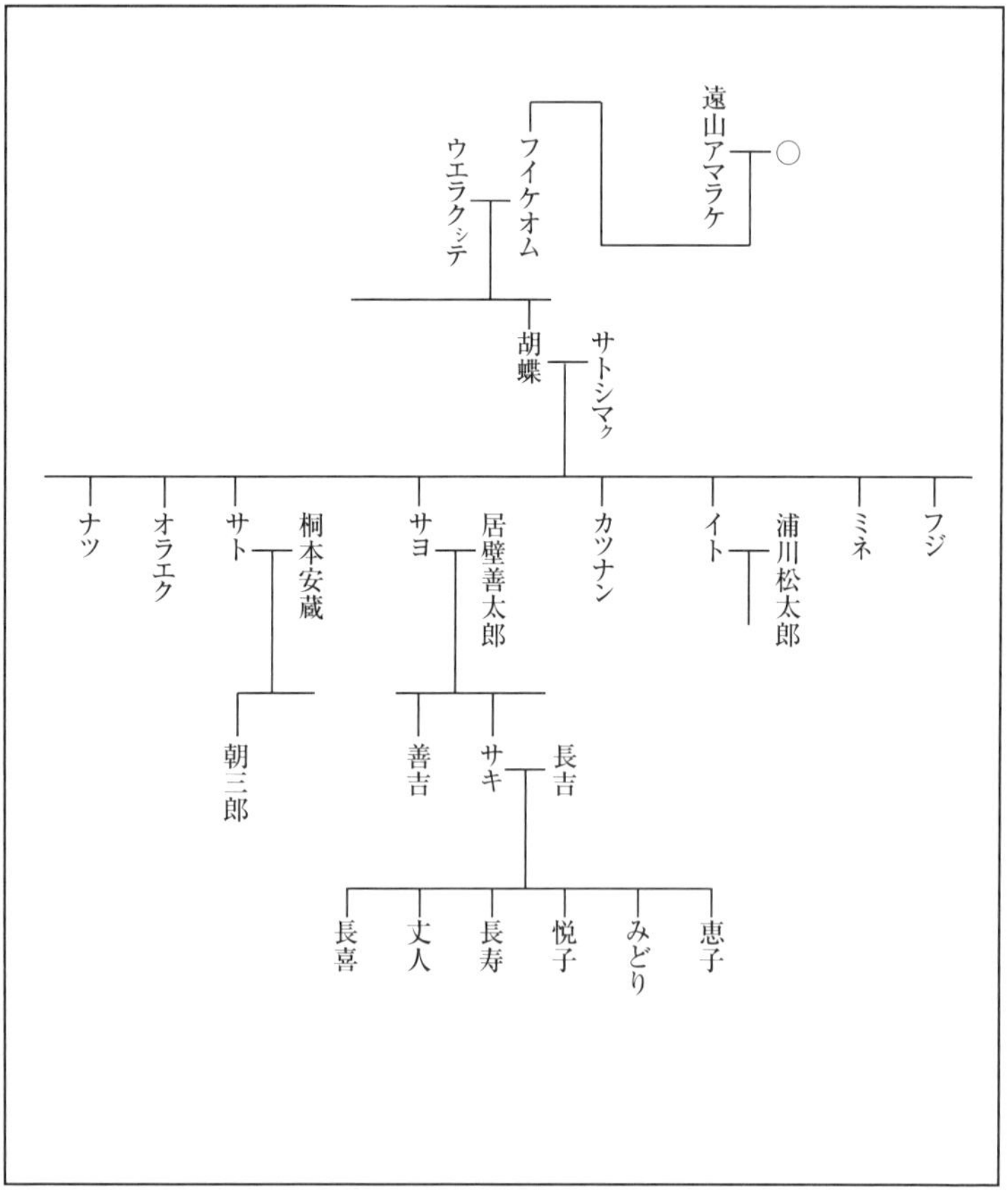

遠山アマラケ
フイケオム
ウエラクシテ
胡蝶
サトシマク
ナツ
オラエク
サト
桐本安蔵
サヨ
居壁善太郎
カツナン
イト
浦川松太郎
ミネ
フジ
朝三郎
善吉
サキ
長吉
長喜
丈人
長寿
悦子
みどり
恵子

姉茶周辺地図

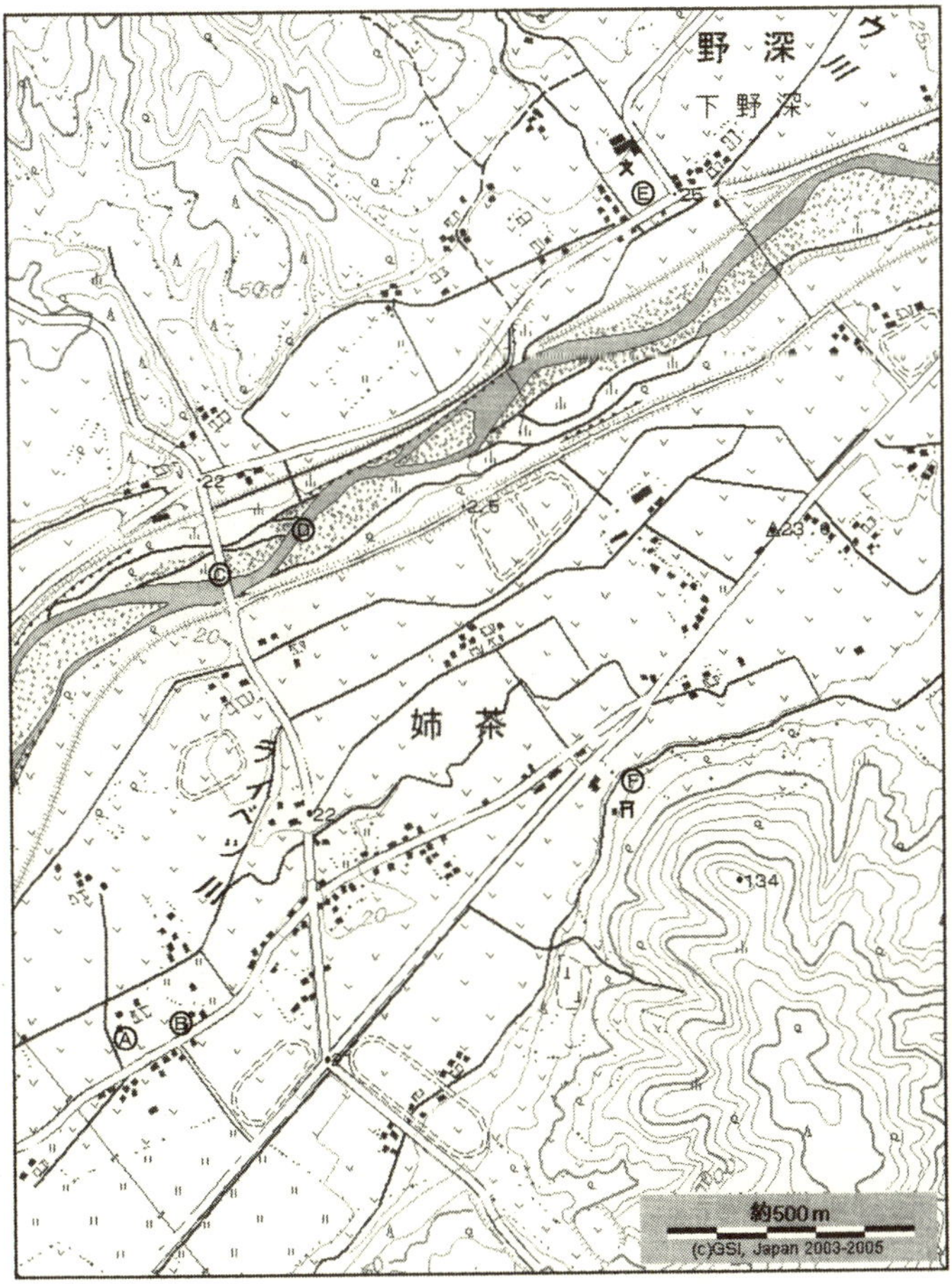

Ⓐ サキさんの家のあった場所
Ⓒ 今の姉茶橋
Ⓔ 野深小学校
Ⓑ 姉茶尋常小学校
Ⓓ 昔の姉茶橋の場所
Ⓕ 姉茶神社

（国土地理院インターネット版2・5万分1地形図 63422555.png を使用）

姉茶周辺（『浦河地方のアイヌ文化とその継承　遠山サキさんの歩んだ道』より）

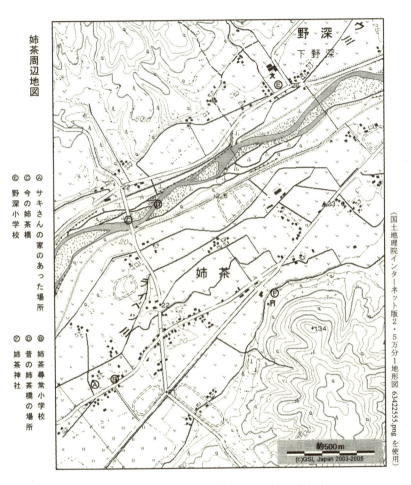

ハポが亡くなった日

その日、うちの中であんちゃんが泣いているので、「あんちゃん、何で泣いてる?」って聞いたら、「ハポ、死んだんだ」っていったの。それを聞いても、わしはぴんとこなかった。わからなかったんだけど、でもそのときの会話だけは、よく覚えている。

後から聞いた話なんだけど、その前の年の十一月にみんなで稲刈りをしたとき、氷が張るような寒い日だったらしい。素足で田んぼで作業をしているうちに、すっかり体を冷やしてしまい、体調を崩したんだね。それから具合悪い状態が続いて、肺炎にかかってしまい、翌年の三月二十二日に逝ってしまったんだ。当時は人が死ぬっていったら、結核が多かったの。それで、叔母たちもそう思っていたらしくて、「(結核がうつるから)そばに行かせるな」って、わしがそばに行くのをとめていたんだって。そばでハポを見ていたら、わしももっと色んなことを覚えているんだろうけどね。ハポの妹のイトの養女になったユリが、その日はわしのめんどうをみていたんだって。

その日、あんちゃんは土人学校(姉茶尋常小学校)の終業式で、それが終わってから通信簿を持って帰ってきたの。ハポが寝ているところにオトウがいて、あんちゃんに「いい成績だったな」っていったの。ハポは、嬉しそうな顔をしたんだって。

野深から来ていたオトウの兄弟が、苦労をかけたハポに謝れ、ってオトウにいったらしい。オトウが「許せよ」ってぽつりといったら、ハポはしばらくして息を引き取ったんだと。ハポのいちばん下の妹ミネが、布団の上からハポの体をなでたりさすったりしながら、泣いていたのを少しだけ覚えている。

ハポのことは後になってまわりから聞いたんだけど、ハポは上の子どもたちを亡くしているから、わしのことをほんとうにかわいがっていたんだって。「オンニョ　オンニョ（かわいいなあ）」といって、メリンスの着物を着せたわしを抱き上げて、わしが笑うのを見ていたそうだ。わしもハポも、ほんとうに幸せな時期だったんだと思う。

ハポが亡くなって、ひと月くらいたったとき、わしは口の中が腫れて、口も開けられないくらいになったんだって。しゃべることもできない。オトウは昼間は働きに出ているから、イトの娘のユリがわしのめんどうをみていた。

その日は、イト叔母は、外でエハ（ヤブマメ）を掘って採っていたんだって。そのとき、ユリの大きな泣き声が聞こえてきて、わしに何かあったのかと、びっくりして飛んできたら、そうではなくてユリが癇癪を起こしていた。わしは、のどがかわいて水がほしかったので、水の入った樽を指差していたんだけど、それをどうやって飲ませたらいいか、わからなかったんだね。イト叔母は、河原のヨシを採ってきて、それでストローを作って、わしに水を飲ませてくれた。その水がよほどおいしかったらしく、わしは満足して大きな息をついたんだって。

オトウはどうしていいかわからなかったんだろうけど、わしをおぶって、安原さんのおばさんのところに出かけ、わしを見せて、口紅を少しでいいからつけてやってくれないか、ってたのんだらしい。おばさんは気のいい人だから、つけてくれて、それが効いたのかどうか、しだいに良くなってきたらしいの。

オトウは仕事に行かなければならないし、畑、炊事、洗濯と、何もかもがひとりにかぶさってきた。あんちゃんは学校だし、わしはひとりになるし、そんなことから、叔母さんたちに、わしとあんちゃんは別々に引き取られることになったの。ハポの姉のサトには、朝三郎《けいさぶろう》という男の子がいた。そしてハポの妹のイトには女の子のユリがいたので、イトが「うちには女の子がいるから善吉を、姉さんには男の子がいるから、サキを連れていって育て、大きくなったら面倒みてもらえ」っていったので、わしはサトのところに行くことになったんだ。

前列右から　あんちゃん(善吉)・サキ・母サヨ　二人置いて従妹ユリ
後列右から　育てのおっかちゃん(サト)・イト叔母

新しいおっかちゃん

鳥岸サト叔母の家には、桐本安蔵、そして息子の朝三郎がいたの。ハポは遠山姓を継いだけど、サトは祖先にあたる鳥岸の姓を継ぐものがいないということで、鳥岸の家の養子になって、鳥岸の姓を継いでいたの。桐本安蔵は、ずっと後でいっしょになったので、姓は別々だった。わしは、サト叔母のことを、おっかちゃん、安蔵おじさんのことを、おとっちゃん、そして、朝三郎のことは、おっきいあんちゃん、って呼ぶようになったの。善吉あんちゃんは、ちっちゃいあんちゃん、になった。

おっかちゃんとおとっちゃんと暮らし始めても、わしはオトウに会いたくて、オトウが仕事から帰ってくる時間とか、オトウが仕事で休んでいる日には、おっかちゃんの目を盗んでオトウの家に行っていた。わしはまだ五歳だったし、奥の部屋に布団を敷いてひとりで寝かされていたから、寂しかったんだわ。夜になって、こっそりオトウのところに行って、静かに戸を開けて、オトウの布団の下のほうから入って、オトウの足のところから頭を出して寝たもんだ。

おっかちゃんが、わしがいないことを知って探しにきたこともある。真っ暗な中でオトウを呼んで「サキ、来てないか?」っていうの。わしはおっかなくて、もうがたがた震えていた。止めようとしても、震えは止まらないの。オトウは、それがわかっているから、いつも「いいや」といって追い返してくれた。わしはぐっすりと寝て、朝早くに起きて、起きてないときはオトウが起こしてくれて、それからこっそり家に戻って自分の布団にもぐりこむの。

おっかちゃんは厳しい人でね。やさしいハポとは正反対で、「サキー、サキー」って大声で次から次に仕事をいいつける。怒るのも半端じゃないから、もうおっかなくておっかなくて、「はい」「はい」って、ただいうことをきくの。おっかちゃんは、妹であるわしのハポが亡くなったのは、オトウが酒に酔って、毎晩ハポを叩いていじめたせいだって思っていたから、そのオトウに似ているわしが憎らしかったんだと思う。叩いたりはしなかったけど、にらみつけて、がみがみ大声で怒るもんだから、わしはいつも体が震えて止まらなかった。怒られている間中、首をすくめて、じっと下を見たまま立っているから、だんだんものをいわない子になっていった。

おっかちゃんの口癖は、「サキー、五つのときからあずかわれたこと（育ててもらったこと）忘れるなよー。覚えてろよー」で、何度も何度も、耳にたこができるほど繰り返し、いわれたもんだ。おっかちゃんの口の悪さと、気の強さは、姉妹でもいちばんだったって。

五歳のときに、わしは大病をしたらしいの。弱ってしまって食事もしないし、意識もあるのかどうかわからない状態で、おっかちゃんもどうしていいかわからなかったようだ。医者は近くにいないし、それに金がかかるからかかれないし、アネチャから丘を二つ越えていった向別《むこうべつ》まで、「神さんとこに頼もう」ということで、わしをおぶって行ったんだ。それでも、そこの神さんにもだめだっていわれて、泣く泣く歩いて帰ってきたんだって。

そうしたら、肩のところが暖かいので見たら、わしが鼻血を出していたんで、わしをおろすと、鼻血が勢いよく出て、それからふーっと大きな息をしたんだって。ああ、これでおしまいなんだ、って、おっかちゃんは思ったようだけど、だんだん鼻血も止まり、意識も戻ってきて、顔色も良くなってきたんだって。うちに帰ってからも、それからは良くなっていったって、ずっと後になって、その話を聞いたんだ。ハポがわしを助けてくれたんじゃないかって思うよ。

左から　母（サヨ）・育てのおっかちゃん（サト）

ハポの思い出を胸に

幼いときにハポが亡くなったから、優しいハポのことは何でも知りたいと思っていた。わしが生まれたときのことを、おっかちゃんはよく話していた。それはいい話ではないんだけど、ハポのことならいっしょうけんめい耳をかたむけて聞いていたの。わしが生まれたのは六月で、ちょうどその日、浜荻伏《はぎおぎふし》の学校で運動会をやっていたんだって。

おっかちゃんは近所のシャモ（和人）の桑田のおばさんと、畑の豆の支えにする枝を採りに行っていたんだと。背丈ほどのマメニ（豆の添え木）をいっぱい採って、縄をかけて背負い、藪こぎしながら歩いてきて、やっと見通しのいい、家が見えるところに来たので、マメニをおろして二人で休んでいたんですと。

そうしたら、ハポの家からだれか人が飛び出して行くのが見えたので、もしかして生まれたんじゃないかって思って、マメニを背負って、ハポの家まで走ったんだと。桑田さんも走ってきて、入口でひと足先に桑田さんがうちの中に入ったら、どうしたことかあわてて飛び出してきたんだと。おっかちゃんもマメニをおろして、うちに飛び込んだら、着物に生まれたばかりの赤ちゃんがくるまっていた。見ると、毛むくじゃらのイヌの子みたいで、マヤマヤして動いていたんだって。

おっかちゃんは、そのときのことを、人間みたいでなかったって、何度も何度もわしに話すの。桑田さんが来ると、その話をして、二人でいっしょに笑うの。わしは、それを聞くたびに、何で生まれてきたんだろう、死んでしまいたい、ってずっと思っていた。首をすくめて、がたがた震えて、自分の体が小さくなってなくなってしまうんじゃないかと思っていた。

でも、いいことでもいやなことでも、ハポの思い出や昔の自分のことについては、話が少なかったからね。その話を聞くたびに、かわいそうに、哀れだなあって、自分で自分のことに同情していたんだ。おかしな話かもしれないけどね。

七歳の頃から、うちでご飯炊きをさせられるようになったの。朝早くに、おっかちゃんに叩き起こされてね。おっかなくて、おっかなくて、ただいうとおりにやっていた。おっかちゃんはあんまり家のことはやらなかったし、わしが何でも「はい」「はい」っていうことをきくから、使いやすかったと思うんだ。オトウが酒を飲んで自分の妹を叩いて、それで死んでしまったから、そのオトウの子どものわしが憎かったんだと思う。「サキは、あったらものの子どもだ」って、いつも憎々しげにいっていた。

それでも、その後子守りに行くようになってから、ご飯炊きもできたから、重宝されて雇い口も多かったんだ。雇い先の人にかわいがってもらえたしね。ずっと後になってだけど、おっかちゃんにも感謝するようになったんだ。

大きな台風

わしが七歳になった年。九月になって、大きな台風が（注）姉茶を通過していったんだ。その日はわしはオトウのうちにいて、だんだん風が激しくなってくるし、木々もゴーッ、ゴーッって音を出して、とってもおっかなかったの。家はガタガタ揺れるし、隙間から風が勢いよく吹き込んでくるし、そのうち、屋根のヨシがふーわ、ふーわと持ち上がって、ばらばらって飛び散る音まで聞こえてきたんだ。

オトウは、「オホホホホ、ホホーッ。オホホホホ、ホホーッ」って、腹の底から出す、それはすごい声を出したの。そんな声を聞いたことがなかったから、わしは囲炉裏のふちにすわって、じっとしておびえていたと思うんだわ。

後になってわかったのは、それは「オココクセ」っていって、アイヌの男が、カムイに災難がさしせまっていることを知らせるものなんだ。家は、アイヌのチセ（家）で、屋根はヨシでふいてあったんだけど、ヨシが飛んで空が見えた。台風が通過して、あたりが静かになったときは、家はもうめちゃめちゃ。オトウが片付けている間に、わしはおっかちゃんのところに戻ったの。

そしたら、おっきいあんちゃんが、昼ご飯を食べるようにっていったので、ご飯を茶碗にもろうとしたら、その豆を入れたご飯が、糸を引いていたんだわ。納豆みたいにね。台風で急に気温が上昇して、短い時間に痛んだんだね。

オトウの家は住めない状態になってしまったけど、オトウは何とかそこでしばらく暮らしていたんだ。でも、冬がくる頃には、とても住めなくなって、野深にある実家に帰っていったんだわ。あの台風さえ来なかったら、もっとオトウといっしょの時間があったと思うんだけど、これも運命なんだね。

空き家になっていた家は、崩れたり、火事になったりしたら近所にめいわくがかかるっていうんで、叔母たちが相談して家をほどいてしまったの。ハポの妹のイト叔母は、きっぷのいい人でね。結局、それから五年後には、そこにほとんど同じ家を建て直した。だって、ハポも、おっかちゃんも、イト叔母も、みんなそこで生まれて育ったんだからね。大事にしたいと思っていたと思うんだ。

野深に行ったオトウは、自分が生まれ育った家で暮らしていたんだけど、オトウはそれから生涯結婚しなかったんだ。わしはオトウが近くにいなくなったので、寂しくて落ち込んでいたら、イト叔母が、わしをオトウのいる野深まで連れていってくれたの。姉茶から、元浦川を川上に向かって歩いていったところにある野深には、オトウの妹もいて、わしをかわいがってくれたの。そこにはわしのいとこにあたる子どもたちもたくさんいて、いっしょに遊べるのが楽しみだった。野深までの道もわかったし、それからはひとりでも歩いていったもんだ。

オトウはわしが行くとね、イナキビご飯を炊いてくれたんだ。それがほんとにうまいの。囲炉裏の火に鍋をかけて炊くんだけど、どういうふうにして炊いたんだか、赤飯ではないかと思うくらいにもちもちとして、すんごくうまかったんだよ。あの味は忘れられないね。

（注）一九三五（昭和十）年、七、八月は冷雨で作物が育たない年だった。九月二十六〜二十七日に台風が通過、高潮で海岸の家々や漁船にも甚大な被害が出た。翌一九三六（昭和十一）年十月も台風が通過。水稲、稗などに大きな被害が出た。（『荻伏百年史』より）

小学校に入る

わしは八歳で、姉茶尋常小学校（注）に入ったの。このあたりでは、みんなに土人学校って呼ばれていた。わしの家から川上のほうに五分くらい歩いていった左側にあって、学校のまわりにはサクラの木があった。今も少しだけ、その頃のサクラが残っているけどね。

この学校には、姉茶だけでなく、浜東栄からも、野深からも子どもたちが通ってきていて、一年から六年まで全部で二十人くらい。学年ごとに二、三名くらいだったかも知れない。教室はひとつで、オルガンがひとつあって、みんなそこで勉強したの。今考えると、アイヌばっかりだったから差別なんてないし、勉強も、遊びも、何でも楽しかった。それに、給食に牛乳がコップ一杯出てね。しぼりたての牛乳だから、とっても濃くておいしいの。それも楽しみだったね。

冬は薪ストーブで、そのための薪は、生徒の父兄たちが準備するの。山から木を切り出してきて積んでおいて、よく乾いたら鋸《のこ》で引いて、それから鉈《なた》で割って、ストーブに入る大きさにして、きれいに積んでいってくれる。学校林と呼ばれていた森から切り出してくるんだけど、春になったら、そこに植林もするんだよ。森の手入れもして、枝打ちして落ちた枝は拾い集めて、背負って運んできて、切ってわらで束にして積んでおく。これは焚き付け用だね。

あるとき、自分の足の上に、ストーブに入れるための太い薪一本が落ちて、それが痛くて痛くてね。泣いたのを覚えている。それから小島先生という先生が、わしにはよくわからないことだったけど、ものがなくなったといって、大きなにぎりこぶしをふりあげてわしをなぐろうとしたの。そのことにもびっくりして、大声で泣いた。わしは小さいときから泣き虫で、泣いてばかりいたからね。

小学校の二年が過ぎて、三年になった六月だったかな。その学校が急に廃校になってしまったの。野深尋常小学校に合併になるということで、わしたちは野深まで通わなくてはいけなくなったわけ。このときから、わしの人生はすっかり変わってしまったんだわ。

野深の小学校は百人もいるくらいの大きな学校で、そこにわしたちが入ってきたもんだから、「俺らの学校に何しに来た?」「帰れ、帰れ。姉茶に帰れ」っていわれて、何をやったっていじめられるの。学校に行く途中でも待ち構えていて、行かせないって、通せんぼするんだ。近寄っていくと、どんずかれるし、離れていても、石だの木の枝だの投げつけてくる。

「ア、アイヌきた。ア、犬きた」「ああ汚い、アイヌ！　アイヌ！」って、つば吐きかけたりして、男の子たちがいじめると、離れたところの女の子たちは、きゃっきゃっ笑ってるの。足払いしてころばせたり、いじめぬいて、こっちが泣こうものなら「ワッ、ハハハハ」って勝ち誇った声で笑って行ってしまうの。

やっと学校にたどりついても、こんどは教室でやっていることがわからない。姉茶の先生は、わしたちにわかるように話してくれたけど、野深の学校では、できの悪いものはどうでもいい、って思っているのか、何にも手当しないんだわ。わしたちをばかにしたり、いじめたりした生徒にも、だめだともいわない。先生がそんなんだから、勉強もさっぱりわからなくて、こうやって教科書を立てて、帳面を置いて、お人形さんを描いているだけ。先生はまわって歩いて、通りかかっても何もいわない。見て見ぬふりしていたんだよ。それで「勉強できない」「頭、悪い」って、またいじめの対象になったんだね。

野深の学校に行っている頃、衛生検査というのがあってね。汚い、汚いって、つばかけられてなあ。アイヌの子どもだけ学校で風呂わかして、「むとうはっぷ」（硫黄）入れて、風呂さ入って帰されたこともあったなあ。かゆいのよ、うるしに負けたみたいになって。

その頃、あんちゃんがいたサト叔母のところに行くと、上が空洞になった木を切ってきて、それにトタンを張って、そこに川から水を汲んで入れて風呂にして入ったもんだ。燃やすものはいっぱいあったからね。風呂があるのはいいほうで、ふつうアイヌは風呂入ってなかったよ。

たったひとり、野深の学校で良かったなという先生は、校長先生だった。中島作一っていうんだけど、「田舎の学校は言葉が汚いから、『～べ』『～な』を使わないようにしなさい」って、いつもいっていた。それがずっと頭に残っていて、それだけは守るようにしていたんだ。運動会の練習というときも、校長先生といっしょにかけっこもして、あのときだけは楽しかったな。

わしは親が早くに亡くなって、うちでもびくびくして脅えて暮らしていたから、学校でも意気地がなくてね。「あっちへ行け」っていわれれば、あっちへ行って、教室の隅に立っていたり、ほんとに情けない状態だったんだ。

だからしだいに、朝学校へ行く途中で、橋のところから川原におりて、そこで過ごすようになったんだ。だれにも見つからないようにね。そして、学校から帰る時間になると、さも学校へ行ってきた、って感じでうちに戻ったの。

（注）『荻伏百年史』によると、姉茶尋常小学校（土人学校）は北海道旧土人保護法により、一九三七（昭和十二）年廃校。野深尋常小学校に併合された。

北海道旧土人保護法（一八九九年制定）は、アイヌ民族を日本国民に同化させることを目的とされ制定された。保護法による教育制度は、和人児童との分離教育であった。アイヌの子どもを一か所に集め、集中的に同化政策を推進するものであり、教育内容にも不当な格差が設けられた。学校では、アイヌ語をはじめ独自の文化や習慣を否定し、和人文化と日本語を取得させるものであったため、後に和人児童とアイヌ児童との教育上の差別について、アイヌの人々や教育関係者から差別として問題視されることとなった。

一九二二年には「分離教育」の方針が廃止され、制度上は和人児童とアイヌ児童は同一の制度下に置かれることとなったが、アイヌに対する差別が色濃く残る中での形だけの混合教育は、アイヌの子どもに対するいじめを誘発するものとなった。

おっきいあんちゃん

わしが引き取られたおっかちゃんの家には、おっきいあんちゃんがいた。朝三郎《けいさぶろう》という名前で、わしより十五歳年上だったの。だから、遊んでもらった記憶もないし、いじめられた記憶のほうが多いんだわ。

おっきいあんちゃんは二十一歳のときに甲種合格になって、旭川第七師団の野砲隊に入隊したんだって。そのときは、みんなで茶伏の駅に見送りに行ったんだよ。出征の前の日には、うちに親戚やら近所の人らが集まって、出征祝いをやったんだ。そのときに、何があったんだからわからないんだけど、夜中におおげんかが始まって、それが朝まで続いたんだって。

朝になって、出征の記念写真を撮ることになってみんなが集まったんだけど、けんかの後だからふくれっつらしていて、その写真がここにあるけど、見ると笑ってしまうんだよね。

おっきいあんちゃんは甲種合格するほどの、がっしりしたいい体をしていた人で、兵隊に行く前は、襟裳岬の黄金道路のまん中あたりにある、猿留《さるる》のトンネル掘りに稼ぎに行っていたんだよ。そんな人だったんだけど、兵隊に行って肺結核になって、すっかり働くこともできない体になって、うちに戻ってきたんだ。かなり悪かったんじゃないかなあ。

ご飯の支度も、幼いわしがやっていたんだけど、「飯、持ってこい」って声が聞こえると、それだけで震えがきたよ。うちにいても、寝ているだけだから、兵隊に行って覚えたことをわしにやらせるんだわ。戻ってきたときに、ちょうど渥美清の映画のトラさん、あのトラさんが持っていたかばんとそっくりのを持って帰ってきたんだ。

「あっちの奥さ行って、トランク持ってこい」っていわれたら、もうおっかなくて、ただいわれたとおり持っていくんだわ。そうすると、かばんを横にして両手でもって上げておけ、っていうの。何が入っているんだか、重いかばんだから、だんだん手が痛くなって下におろすと「上さ、あげれ！」って、寝ていていうんだよ。

したかと思えば、「バケツさ水入れてこい」っていって、今度は同じようにそれを両手で上げて持て、っていうの。重くなって下にさがって行くと「上さ、あげれ！」って怒鳴る。ほんとに辛くて、生きた心地がしなかったよ。最後には、もう泣きながら「あやまったー、あやまったー」っていうと、やっと許してくれたんだわ。

おっきいあんちゃんと、おっかちゃんにいじめられたことは一生忘れないよ。でも、おっきいあんちゃんは、旭川の軍隊できっとそんなふうにやられたんだろうね。野砲兵《やほうへい》っていって、大きな大砲をのせたものを、馬ではなくて人間が引っ張って走ったらしいよ。その激しい訓練で肋膜をわずらったの。それから結核になって家に戻ってきたんだけど、初めの頃は見舞いに来る人たちもいて、軍隊の話を自慢そうに話していた。でも、だんだん見舞いの人も来なくなって、その分おっきいあんちゃんのわしへのいじめも増えていったんだと思う。

ただね、わしが学校から帰ってくると、「サキ、今日はどんな勉強してきた？」って聞くんだよ。わしは、その日に覚えたこと、先生に教わったこと、頭に残っていることを何でもかんでも、おっきいあんちゃんに話したんだ。怒られるのがいやだから、だんだん学校にいても、うちでおっきいあんちゃんに報告するために覚えておこうって思うようになったんだわ。おっかちゃんもおっきいあんちゃんも厳しい人だったから、嘘はつかず、一生懸命話したんだ。まだその頃は、小学校が合併する前で、アイヌの子どもばっかりの学校だったからね。小学校の一、二年は、ほんとうに楽しい時期だった。

そして、一週間にいっぺんくらい、わしはおっきいあんちゃんのために、病院に薬を取りに行かなきゃならなかったの。姉茶から、六キロほど海岸のほうにいった、浜荻伏にある、まさき病院まで。道路のとおりに行くと、回り道になって遠いから、川に沿って、草ぼうぼうのところや、川のふちの寄り木がたまっている上を歩いたり、近道して行ったの。小さな子が、道なき道を歩いていったんだよ。七つ、八つ、九つ、の頃かなあ。帰りもまた、歩いて帰ってくるんだからね。

あるとき、おっきいあんちゃんが天井見て寝ていたとき。天井といっても、今のように板があるのではなく、草屋根だからね。そこにタンネカムイ（ヘビ）が歩いていたの。それをおっきいあんちゃんが見ていて病気が悪くなったんじゃないかと思った。だって、落ちてきたら、あんちゃんは歩けないからね。おれ歩けないのに、って思ったら、それだけでも病気悪くなることもあるだろうなと思った。アオダイショウだったんだよね。

おっきいあんちゃんは、三年間療養して、薬も効かないまま、二十五歳で死んでしまった。ずっと後になって、わし自身が子どもを持って、その息子がおっきいあんちゃんと同じ年になったとき、この息子が今死んでしまったらどうなる、と思ったら、頭が真っ白になって、ほんとうにかわいそうなことであったなあ、って思うよ。

わしはその後、合併になった野深尋常小学校に通うようになったんだけど、ひどいいじめにあって、だんだん学校に行かなくなってしまったの。もし、おっきいあんちゃんがもう少し生きてくれていたら、「サキー、そったらものに負けるなよ」っていってくれたら、学校であったことを報告しようと思って、わしももっとがんばることができたかもしれない。親もいないし、だれも支えてくれる人がいなくて、わしはほんとに寂しかった。ちっちゃいあんちゃんは、生きてはいても、離れて暮らしていたしね。

ちっちゃいあんちゃん

わしがハポの姉のおっかちゃんのところに引き取られたとき、兄の善吉（ちっちゃいあんちゃん）は、ハポの妹のイト叔母のところに引き取られたんだ。そこには、イト叔母と、養女のユリ、そして亭主の浦川松太郎と、その娘ユキエ、マツエが暮らしていた。女の子ばかりのところに、九歳のあんちゃんが入ったんだから、みんなとまどったんだと思うよ。

ちっちゃいあんちゃんは、新しい暮らしになじめないし、もう自分の根性ができているから、いうこともきかないし、だからだんだんいじめられるようになったんだと思う。居場所がなくなったあんちゃんは、小銭を持ち出して、店で買い食いするようになったんだ。当時は腹もへっていたんだと思うよ。

あるとき、ちっちゃいあんちゃんが「サキ、ちょっと来い」ってわしのいた家に来て、手まねきするから、行くと「あめ玉買ってきたから、いっしょに食うべ」っていうの。わしは、嬉しくてね、いっしょに食べたんだよ。そうしたら、後になって、あんちゃんがうちから小銭を持ち出して飴を買ったことがばれて、ひどい折檻を受けたことを聞いてね。

わしは、おっかなくて、おっかなくて、もう二度とこんなことはしないって誓ったんだ。

あんちゃんがどんな暮らしをしていたんだか知らないんだけど、よく折檻されて、ご飯を食べさせてもらえなかったらしい。あるとき、正月が過ぎたある晩のこと。おっかちゃんが「サキー、奥の部屋さ行って、餅をちょっこり持ってこい」っていったの。わしは「はい」っていって、奥の部屋に餅を取りにいったら、布団が敷いてあったので、その上にのって向こうにある餅を取ったの。したら、何かの上にのった感じがしたんだけど、あれ、枕をふんだのかなと思って、そのまま帰りはまたいで戻ったの。

おっかちゃんは、ストーブの上に網をのせ、そこで餅を焼いていた。そのうち餅が焼けた頃、「餅が焼けたどー、きて食べれー」って、話しかけるようにいったんだ。そしたら、奥の部屋からちっちゃいあんちゃんが出てきたんだわ。もうびっくりして、手品でも見てるみたいだった。

あんちゃんはイト叔母のところで怒られて、晩ご飯を食べさせてもらえなかったらしいんだ。夏なら畑に行けば、何か植わっているからそれを取って食べれば何とかなったんだろうけど、何せ冬だからね。それで腹がへってこまったあんちゃんが、おっかちゃんのところにやってきて、話したんだろうね。正直に話したせいか、おっかちゃんはあんちゃんをそのまま奥の部屋にかくまって、誰も来ないことを確かめた後で、餅を焼いて食べさせたってことだったらしい。

あんちゃんは、ほんとうにうまそうに食べたんだわ。わしは、それを見てあんちゃんがかわいそうでね。あんちゃんもわしといっしょにここにいたら、おっかちゃんにこき使われただろうけど、でも、晩ご飯を食わせないってことはなかったと思うんだよ。

小学校二年の春の運動会のときだったと思うんだけど、始まってじきにあんちゃんが、わしに運動会用の帽子を持ってきてくれたの。それにお菓子を少しね。わしはびっくりしたんだけど、それを受取ったとき、急にそこにおまわりさんが立っていたの。「あんちゃんが何かしたんでないべか」ってわしは思ったら、もう緊張してしまって、おまわりさんの言葉も、あんちゃんが答えている言葉も、もう何も聞こえなくなってしまったの。ただ二人が、口をぱくぱくさせているのが見えるだけ。まわりは、徒競走を応援する、わあわあいう歓声と軍艦マーチが聞こえていて、わしが呆然とする中で、あんちゃんはおまわりさんに連れていかれてしまったの。

後で聞かされたのは、あんちゃんは店に運動会の帽子が売られているのを見たんだね。そしてわしのことを思い出し、わしがおっかちゃんに可愛がられたことがなかったから、

右から　従妹ユリ・サキ・善吉（ちっちゃいあんちゃん）

あんちゃんはこの帽子をわしにかぶせてやりたいなあ、お菓子も食べさせてやりたいなあって思ったらしいんだよ。駐在所に連れていかれたあんちゃんは、叩かれたり、怒られたり、それはひどく折檻されたんだわ。

わしが小学校三年で野深小学校に入ってから、いじめがひどくてその後はあんまり学校に行かないでいたとき、あんちゃんがあっちこっちに遊びに連れていってくれたこともあるんだよ。そんなある日、「あんちゃん、なして怒られるようなことばかりやるんだ?」って聞いたことがあった。あんちゃんは、「俺のいうこと、何ひとつ聞いてくれないから、わざとやってるんだ」っていったんだ。「そったらこと、やめてくれ」っていっても、口笛ふきながらあっちゃのほう見てるんだ。

わしが十歳くらいのときだったか、あんちゃんが折檻されているところを見たことがあるんだよ。外で人が騒いでいたから、おっかちゃんといっしょに出てみたんだわ。そうしたら、イト叔母があんちゃんの襟首をつかんで、うちの前の小川に顔を押しつけていたんだわ。あんちゃんは息ができずに苦しいから手足をばたばたやって、そうしてまた水から引き上げたらまた浸けて、って繰り返しているんだわ。おっかちゃんが、「やめれー、やめれー」っていっても、ぜんぜん聞かない。「やめれー、人殺しになるからやめれー」っていっても、ぜんぜんだめなんだ。そのとき、近くにいた南部衆の林崎さんっていうおじさんが止めに入ったんだわ。だけど、イト叔母のほうが大きくて力あったから、はじきとばされてしまったんだ。折檻がひどいから、あんちゃんもますますひねくれていったと思うんだ。

あんちゃんは、ほんとうはとっても気持ちの優しい人だったの。別々に育ったけれど、あんちゃんはいつもわしのことをあれこれ思ってくれていたんだと思う。

にいちゃんばばの家

ちっちゃいにいちゃんが引き取られたイト叔母のことを、「にいちゃんばば」って呼ぶようになったの。ハポのきょうだいは全部で十二人で、男二人、女十人だったようだ。男のひとりはどこかに養子に行ったと聞いているから、戸籍には男はひとりだけのっている。男はオラエク、女は、上からナツ、サト、コト、サヨ、カツナン、イト、ミネ、フジ。四女のサヨがわしのハポ（母）。サトがおっかちゃん、イトがにいちゃんばばだ。

ハポたちの母親であるサトシマクは、子ども十人産んで体の具合が悪くなっていた頃、そこに大阪から来た古川というシャモが来て神様に拝んで助けたもんだから、その後、俺の女になれってことで、いっしょになったんだって。その後でできたのが、ミネとフジ。だから二人は和人の父親だから、見た目もまるっきりシャモみたいだったよ。ミネ叔母は口調もきつい人だし、みんな一目置いていた。

おっかちゃんもにいちゃんばばもアイヌ語を話していたから、シャモの言葉は働きに行く中で学んでいったんだと思う。二人とも、近藤さんのところによく働きに行っていたそうだ。

そのにいちゃんばばの家に、十二歳の夏だったかな、働きに行ったことがあった。にいちゃんばばは几帳面な人でね、行儀作法にもとっても厳しかったの。ご飯を食べるときに、こんなことがあったんだ。うちのおっかちゃんは、ご飯のときに「いただきます、といえ」というので、そういうと最初は黙っていたんだ。それで食べずに待っていると、「いただきます、はい」といって食べるんだって叱られた。それで、うちでご飯を食べるときはずっと「いただきます、はい」っていって食べていたんだ。

それでにいちゃんばばのうちでも、同じように食事のときに「いただきます、はい」っていうと、にいちゃんばばに「あれ、今何さいった?」って変な顔されたんだ。それで、もう一回いったら、「『いただきます』はお前がいって、『はい』は別の人がいうんだ」といって、笑われたんだ。当時は、アイヌはシャモからひどい差別を受けていて、いじめられないために、何でもシャモのまねをしていればいいってことで、おっかちゃんも、「いただきます、はい」を教えたんだだな。

あるとき、にいちゃんばばは、とき色のネルの生地を二メートル買って持たせてくれたこともあった。小学校で裁縫の時間に先生が「それで何を縫うの?」と聞いたので、にいちゃんばばがいったように「パンツとズロース」っていったら、子どもたちはみんな笑い転げたんだ。先生が、それは同じことだよって教えてくれたけど、慣れないシャモの言葉を、大人たちも使っていたんだと思う。

にいちゃんばばが学校へ行ったのかどうか、よくわからないけど、江賀寅三《えがとらぞう》（注）の教会で習ったって聞いたことがある。江賀寅三さんはアイヌだったんだけど、小学校の代用教員をしたり、静内では小学校の校長もやった人なんだ。姉茶にいたこともあって、そのときは牧師をしていた。

にいちゃんばばは厳しかったけど、叱り方がじょうずだったなとわしは思ってる。一年間、小間使いやら行儀見習いなどに通って、帰るときに褒美だといって、二歳の子牛を一頭もらったときは、嬉しくてね。姉弟のように世話をして、友達のように話しかけていたら、ある日おとっちゃんがどこかに持っていって売ってしまったんだ。

（注）江賀寅三（えがとらぞう・一八九四〜一九六八年）長万部《おしゃまんべ》コタン生まれの聖公会牧師。後に日本ホーリネス教会の牧師。晩年は超教派の伝道師となる。

一九一三年新平賀小学校代用教員となり、一九一六年、平取《びらとり》小学校（旧土人学校）に勤務。この頃、ジョン・バチェラーと出会い洗礼を受ける。一九一八年、静内遠仏小学校（旧土人学校）の校長として勤務するが、一九二一年遠仏小学校を廃校させて退職し、牧師を志す。はじめ聖公会に属していたが、一九二五年、聖公会を脱会し、ホーリネス教会に加入する。のち樺太アイヌの国籍獲得のため運動をする。一九三二年、樺太より北海道に戻り、日高姉茶に在住し、一九三五年、姉茶ホーリネス教会を創立する。一九三六年「旧土人学校」全面廃止運動をする。一九四六年、社団法人北海道アイヌ協会設立に際し、初代理事の一人となる。一九六八年没。

初めての子守り奉公

小学校を出た十二歳のとき。初めて家を離れて、様似町《さまに》の沢田春蔵さんというちに、子守りとご飯炊きに働きに出たの。小学校に通っている頃から、子守りを頼まれて働くことはあったんだけど、本格的に家を出て働いたのは初めてだった。沢田さんはアイヌの人で、おとっちゃんと姉茶のサケマスふ化場に働きに来ていて出会ったの。それで、最初はご飯炊きを頼まれたらしいんだけど、向こうに行ったら、小さな子どもがいるからって、子守りも頼まれたんだ。奥さんと、五、六歳だった俊郎《としお》という子と、わしが守りをした一歳の行雄《ゆきお》という子がいてね。それに春四月から十一月までの昆布採りの期間は、春蔵さんの弟一家がいたから全部で十人ほど。ご飯炊きや子守りが必要だったんだね。

沢田春蔵さんはおとなしい人でね。奥さんのほうは声は大きいし、口うるさい人で、しっかり者だったけど、優しい人であったんだ。わしの仕事は、三食のご飯やお汁をつくって用意して、後片付け。水汲みと子守りと、休むひまもないくらい忙しかった。水汲みは、一日朝、昼、晩と三回するんだ。台所には四斗かめがあって、それをいっぱいにしておくのと、家の外に樽があって、そこにも汲んでおく。男たちは漁や昆布採りをしていたから、作業が終わったら、それを真水で洗い流していたんだね。

奉公に行ったばかりの頃、一歳の行雄をおんぶして子守りをしていたの。行雄は何が気に入らないんだか泣き止まないで、いくらあやしてもだめだった。それでわしも頭にきて、「泣け泣け、そんなに泣きたいなら泣けー」っていったら、それを沢田のおじさんに聞かれたの。

「泣く子の子守りに来たのに、なして子どもの気持をせかるようなことをいうんだ」って、そのとき怒られたの。ほんとうにそうだよね。反省したわ。

わしはご飯炊きは七つからやっていたから、うまくやれたんだけど、そのほかのことは沢田さんの家のやり方があるから、色んな勉強になったの。そこで覚えた料理もあってね。夏にイカがたくさんとれるとき、そのイカのごろ（内臓）とジャガイモを煮るの。じゃがいもが煮えて全体にごろがまわったら味噌を入れて炊き上げるの。イカの身や足を入れると、もっとおいしいし、姉茶にいた頃はなかなか食べられないものだった。

毎日朝から晩まで働いていたけど、うちにいるときより、ずっとよかった。うちではいつも怒られるからびくびくしていたけど、他人の家ではうちよりもずっと大事にしてくれるんだもの。ほんとに良かった。そして、夜になると話も聞かせてくれるんだ。

様似には、ハポの妹で、あんちゃんが引き取られていたイト叔母のさらに下の妹、ミネ叔母が住んでいたの。親戚がそばにいると思うと、心強くてね。ミネ叔母も、「がんばれよ」って励ましてくれていた。

戦争当時だったから、様似の駅で米を背負ってきた人が、見つからないように線路に降りたらつかまってしまって、そのときの怒鳴り声がいやだった。

翌年、十三歳のときは、富里の野中さんという家で、ご飯炊きと子守りをやったの。沢田さんとこと同じように、四月から十一月まで。ここは、野中さん夫婦と、息子の貞幸さんという人と三人で暮らしていて、その子どもの子守りをしたの。沢田さんのようにたくさんの子どもはいなかったし、漁師でなく、農家だったので、わしにとっては身近な感じで仕事はずっと楽だった。

野中さんの家でかぼちゃの味噌汁をつくって、そこにイカのわたを入れたらおいしくできてね、喜んでもらったんだ。おじさんは歌が好きな人で、よく大きな声で民謡を歌っていた。夜寝るときは、皆して布団を並べて敷いて、おばさんの近くに、わしと子どもが寝て、そうやって秋まで行ってたんだ。

あるとき、シソの葉を十枚くらい一束にして、黒糸を針に通して結んで、それを味噌の中に漬けてな。おばさんが、「サキちゃん、これ漬かったら食べさせるから、遊びにおいでやあ」って。わしをおだてていたんだな。それで奉公が終った後、冬になって遊びに行ったら、何もくれそうにもないんだ。わしはラムラム（心が浮き浮き）して、「あのときのシソの葉っぱ、食べてみたいなあ」って思ったけど、結局何もでなかったわ。

でも、ここでも色んなことを学んだからな。うちにいて、「サキーッ、サキーッ」っていわれて、びくびくして暮らすより、子守りに行っているほうが良かった。十四歳のときには、様似へも子守りとご飯炊きに行ったの。

にいちゃんばばと函館へ

富里の野中さんのところに働きに行っているとき、にいちゃんばばが来て、ちっちゃいあんちゃんが蟹工船に乗って北洋に出るので、いっしょに見送りに行こう、って、数日ひまをとってくれたの。それで、にいちゃんばばといっしょに、函館まで行ったんだよ。茯伏から苫小牧《とまこまい》に出て、それから東室蘭《ひがしむろらん》、長万部で乗り換えて、函館に着いた。あんちゃんは、函館の弁天町にある漁師の家に住み込みで働いていたの。

その家に二泊か三泊かさせてもらったんだけど、そこの奥さんが初めてあいさつしたとき、わしの手を見て「よく働いている手だねえ。一年でも二年でもいいから、大事にするから、ここで働いてほしい」って頼んだんだよ。

でもにいちゃんばばは、「姉の子どもだから、わしが返事するわけにはいかない」って断ったんだ。そこで働いていたら、どうなったかねえ。

あんちゃんと三人で函館の町を見物して、映画にも連れていってもらったんだわ。チャップリンの映画だったよ。それからあんちゃんは、蟹工船に乗って北洋に行ってしまったんだ。

それから後のことは、ずっと後であんちゃんから聞いたことなんだけど、蟹工船は操業を終えたら、蟹の缶詰を輸出するために、横須賀港に寄って、そこで解散になったらしい。仕事はきつかったけど身入りもよかったようで、あんちゃんは旅をしながら北海道に帰ってくるつもりだったけど、だんだん金がなくなってきて、困っていたところに良い仕事があると聞いて行ったら、北海道のタコ部屋だったんだって。

そこは監視つきで働かされて、ろくに食事も与えられず、それはひどいところだって。タコ（強制労働の土方）を生かさず、殺さず、長く働かせて金儲けをするんだよ。みんな耐え切れず、機会を見て逃げようとするから、見張り番もあちこちにいて、もし見つかったらそれはひどい折檻《せっかん》をするんだと。あんちゃんは、その見張り役にだまされて雇われたらしい。

でも、そのうちにこんどは自分がきっとタコにさせられ、死ぬまで働かせられるだろうって思って、ある晩に逃げ出したんだって。もう夢中で山の中を走り通して、逃げ切って戻ってきたんだ。

それからはあんちゃんは、人が変わったようにまじめに働いたよ。様似の会社でね。様似には、にいちゃんばばの妹のミネ叔母がいたから、あんちゃんはそこにミネ叔母が好きなタバコを持っていったんだと。自分で働いた金で買ったタバコだもの。ところが、ミネ叔母は、これまでさんざんみんなにめいわくをかけてきたあんちゃんを許せないと、それはきつい言葉で追い返したんだ。そしてその話をあちこちでしゃべったらしい。

わしが奉公にいった沢田春蔵さんとこにも行って、その話をしたら、沢田さんはミネ叔母を静かにさとしたらしんだわ。

「よくない者ほど、よくめんどうみてやらないといけないんだ。悪いことをするやつには、どこが悪いか、ちゃんとわかるように教えないと、一生わからないままなんだぞ。タバコって授業料を持って、教えを請いに来たんだから、なんでその気持ちを汲んでやらないんだ」って。

ミネ叔母は、他人が何をいってるんだって怒って帰ってきたらしいけど、だんだんとわかるようになって、自分がやったことを反省したんだと。ずっと後になってわしに「あんちゃんに、わしはとんでもないことをしたんだ」って話してくれたよ。

農業を学んだ雇いの一年

姉茶にあった土人学校の跡地は、大きな農家だった安原さんのものになっていた。その安原熊夫さんの家に、わしは十五歳の年に四月から一年間の奉公に行くことが決まったんだ。

それを聞いた近所の人たちは、「なしてあんなところに行くのを決めたの?」「あんなところに行ったら、休む間もなく働かされて体こわして死ぬよ」とかいって、わしはおどかされていたの。たしかに振り返ってみると、仕事はきつかったよ。だけど、わしは一年間働き通したし、そこで農業というものを一からちゃんと教えてもらったんだ。一年間の奉公の後、自分の家でも農業を始めるんだけど、それができたのも安原さんのところで教えてもらったおかげだ。ほんとうに今でも感謝してるのよ。

安原さんとこで初めてやった仕事は、カラマツの苗木を植えることだった。安原さんの家は、夫婦と五人の子どもたちがいたんだけど、そのときはおじさんとおばさん、わしより二つ年上のやす子ちゃん、そしてわしの四人だった。山越えして歩いていったんだけど、十本が一束になったのをそれぞれが何十束か背負っていってね。そこに着いたら、まず鎌で草刈りするの。そして苗木を植えるところを鍬で掘って、そこに苗木を立てて土を戻して、さらにまわりの土を寄せて足で踏み固めるんだわ。四人で百本ほど植えたのかな。弁当と水を持っていったから、一日仕事だった。

その翌日からは畑起こしが始まった。プラウをつけた馬を使って土を耕すんだけど、おじさんがプラウのほうを扱って、わしは馬の手綱を引いていた。やったことないから、なかなかうまくいかないんだわ。一生懸命やってるんだけど、馬が前に進まない。おじさんが、「やっとせー、やっとせー。やっとしないば、日が暮れるぞ」っていって、怒鳴ってせかすんだわ。「やっとせー、はやくせー」というのは、おじさんの口ぐせだったわ。わしはただただ夢中で馬を引いて進んでいったんだけど、馬のほうも、相手がわしじゃどうしていいかわからなかったんだろうね。

五月になったら、こんどは田起こし。おじさんと二人で、馬を使って同じようにやるんだわ。だけど、まだまだ慣れてないから、「やっとせー、やっとせー」ってせかされながらやってね。こんどは掘り起こした土を砕く代掻《しろか》き、ひとつひとつ覚えていったんだわ。丸太を引いて、地ならしもしたよ。　そうして安原さんのうちでは、肥料の堆肥や肥だめに置いて熟成させた人糞を、田んぼにまいていくんだ。馬やべこ（牛）を飼っていたからね。馬はやす子ちゃんが世話して、べこのほうはわしがやっていた。朝いちばんに牛舎に行って、まず糞尿で汚れたわらをかき出すことから始めるの。裸足でね。長靴なんて買うこともできなかったし、裸足なら水で洗えばきれいになるからね。フォークを使って汚れたのを集めたら、外の堆肥場に持っていってね。床が乾いた頃に、新しい寝わらを敷いてやるんだ。

おじさんやおばさんは、朝晩、べこの乳搾りをしていた。絞った乳は木綿の袋でこした後、缶に入れて、毎朝出荷していたよ。絞り立ての牛乳は、朝ご飯のときに飲ませてもらったんだけど、体にも良かったと思うね。

田んぼの畦切りと畦塗りは、おばさんとやす子ちゃんと三人でやったの。やす子ちゃんはわしのことをいつも「サキちゃん」って呼んでいて、それでおじさんもおばさんも、ほかの兄弟たちもみんな「サキちゃん」って呼ぶようになったの。それまで、うちでは「サキー、サキー」って呼び捨てだったから、「サキちゃん」っていわれるのが、ほんとに嬉しかった。食事のときもみんなが同じように分けて食べるの。それも、腹いっぱい食べさせるんだから、わしは自分のうちよりもずっと過ごしやすかった。

いよいよ田植えが始まるってときに、おっかちゃんから呼び出されたの。また何を怒られるんだろうって、びくびくしながら行ったら、「これから田植えが始まったら、ほかの人に負けるなよ」って、苗の植え方を教えてくれたの。

「田んぼの中で育てる苗は、三本指で根を押さえて土さ入れれよ」って。だからね、田植えが始まってからも、おっかちゃんにいわれたとおりにやったらうまくいってね。人より先に、人の分も仕事したよ。だんだん、だんだん田植え仕事が楽しくなって、みんなにもほめられるようになって、あちこちで頼まれるようになったんだわ。おっかちゃんに、ありがたいなあと思ったよ。

雨降りの日や、冬の間は、よく縄ないをさせられた。まず、わらの束の根のほうを台の上に乗せて、木槌で叩いていくんだ。束をうまくまわしながら、均等に叩いてね。茎の芯が出るようにして、そのまわりの部分を落してしまうの。わらの中芯はきれいなもので、こんどはそれで縄をなっていくの。みんなでやるから、縄がどんどんできていってね。わらでは、わらじや、深靴や、蓑なども作るんだよ。

奉公を終えるときには、十二か月分の給料十二円と、米を三升か五升だったかくれて、「一年間、ごくろうさんでした」っておじさんが感謝の言葉をいってくれたのね。それまで、どんなに頑張ってもそんなふうに感謝されたことが一度もなかったから、ほんとうにわしは嬉しかったの。

うちに戻って、おっかちゃんに安原さんからもらったお金と米を渡したら、おっかちゃんも喜んでね。わしに一反の反物を買って、それで着物を仕立ててくれたの。水色の地に、赤みが入ったぼかしの花柄だった。一年間働いた自分へのほうびが、この着物だったんだね。

自分で田んぼを始める

安原さんの奉公から戻ってきて、十六歳のとき。こんどは自分のうちで一町五反の田んぼを作ったの。おとっちゃんも手伝ってくれてね。おとっちゃんは馬喰だったから、その馬を使ってこれまで田んぼにしたことのない、畑の土を起こしたり、代掻きなどいっしょにやってくれるものだから、ほんとうに夢みたいなりっぱな田んぼになったんだわ。

たった一年しか経験していないわしがやったって、うまくいくはずがない、って思っていたんだけど、一生懸命教えてもらったとおりにやったら、畑がりっぱな水田に変わって、わしは感動したんだわ。おっかちゃんも、おとっちゃんも、それは喜んでくれてね。それ以来、わしはずっと米づくりをやって生きてきたの。

この年は天気もよくて米がよくできて、稲刈りのときは三石から二人頼んで手伝ってもらった。おとっちゃんも、家の裏に稲架《はさ》を立ててくれて、そこに刈り取った稲を運んで、稲架かけをしたの。いい米はとれたし、それがわしにとっての初めての自信になったの。人と話をしないで、ひとりでやれる農業はわしにすごく合っていたし、生長を見ていくのはほんとうに楽しかったの。

姉茶にはアイヌ互助組合というのがあって、五軒がひと組になっていた。山のほうから、長吉さん、孝助さん、網本さん、伊三郎さん、そしてうち。農機具を共同で購入して、みんなで使用していたんだわ。農機具は向井孝助さんが管理してた。そこから、足踏みの脱穀機を借りてな。足ふみといっても二人ふみで、大きくて重かった。運んでくるのもひとりだったので、どうやったらいいかと考えて、機械に縄をかけて少し坂のところに置いて、低いほうにしゃがんで背中にかぶせるようにして背負ったんだ。もう背骨が折れたかと思うほど痛かったけど、おろせば二度と背負えないので、何とかがまんして運んできたんだ。二人ふみだったけど、毎日ひとりで稲こきした。脱穀した後の稲わらは束にして、さらに縄でしばって馬小屋の上に保存しておいて、馬のえさとか、縄を作るのに利用したんだ。冬になって、俵編みを教えてくれるって聞くと、そこにも習いに行ったよ。

米だけでなく、大豆もつくったんだわ。稲刈りが終わった後に、大豆の収穫をして、これも足踏みの脱穀機を使って莢の部分を分けていくの。莢が散らばらないように、むしろをまわりにたくさん敷いてね。機械がないときは、竿で叩いて落としたんだ。そしてこんどは、安原さんのおじさんから借りた豆通しを使って、莢から豆を落としていくわけ。きれいな大豆がたくさん採れて、それをかますに詰めたら、その袋をおとっちゃんが馬車で運んでくれた。

　おとっちゃんは馬が好きでね。やせた貧相な馬を安く手に入れて持ってくるんだ。やせてやせて、骨ばっかりの馬をね。それをわしとおっかちゃんが世話していくと、だんだん良くなっていくんだよ。おとっちゃんは「えさをけちって、わらしか食べさせないからこういうことになるんだ」っていうんで、米糠とか、えん麦を買ってきて、わらと混ぜて食べさせてやると、少しずつ肉がついてくるんだわ。わら縄のたわしでこすってやると、毛のつやも良くなって元気になる。そうなると嬉しくて、いい馬になったなあと思っていると、いつのまにかおとっちゃんが持っていって売ってしまうんだ。そして、またやせた馬を持ってくる、ってその繰り返しさ。馬喰だから仕方ないのかもしれないけど、何度そうやって育てたかわからない。それでも、田んぼや畑を起こすときは役にたって助かったけどね。おとっちゃんは人がよすぎる人だったから、よくシャモにもだまされていた。伝貧《でんぴん》馬（注）って呼んでいたけど、病気で屠場行きの馬をつかまされて、あとでくやしがっていたこともあった。

　馬といえば、「あお」は忘れることのできない馬だったね。気持の優しい、いい馬でね。わしたちのいうことがわかるらしくて、ほんとにいうことを聞いて、よく働く馬だったの。おっかちゃんも情けをかけて、かわいがっていたんだわ。ところがこの「あお」が伝貧といって法定伝染病にかかっていることがわかって、処分しないといけないことになったんだわ。おっかちゃんは「情けないなあ、もっとうまいもん食わせたら治るんでないかなあ」といって泣いていた。屠殺場に連れていくときは、とぼとぼといっしょに歩いていって、「あお」の目からも涙がぽろんと流れたんだわ。悲しくてなあ。

世の中は戦争で兵隊さんたちが出征していってた。わしは数えの十七ということで、千人針を持たせるために、あちこちで縫ったのを覚えているよ。おっかちゃんは寅年、わしは辰年だったからね、人気だったの。わしは十七針縫った。

おっかちゃんは体の弱い人だったから、旭川の病院行ったり、留萌《るもい》の治療院に行ったり、札幌の神様に見てもらいに行ったりと、百姓仕事やうちの仕事をする人でなかったね。だからほとんどひとりで、農作業やうちの仕事はしていたの。

（注）「伝貧」　家畜伝染病予防法で家畜伝染病に指定されている。世界中に広く分布し、日本では古くから「伝貧」という名で知られた馬特有の慢性ウイルス性伝染病である。感染馬は一生回復することはなく、一旦回復しても貧血と発熱の再発を繰り返し、最後はへい死する。

出面取りに行く

米づくりも大豆も、秋になって収穫しないとお金にならないから、出面取り（日雇い）にも行ったよ。十五歳で、安原さんのところで働いていたときも、野深の小学校の下手あたりで川の護岸工事があったの。オトウのうちの近くだったし、現金がもらえる仕事なんてなかったから喜んで行った。このときの仕事の頭は、隣に住んでいた浦川チエおばさんのだんなさんの谷口さんという人で、その人の親方が中島さんといって中島組をつくっていたの。わしは谷口さんに使ってもらって、出面取りに行った。

「よーい、さのさー。よいとこのさっさー」って歌いながら、引き寄せたヒモを一斉に離すと、上がっていた重石がドスンと落ちて、土手をつき固めていくの。みんなして歌って、気持をひとつにしないとうまくいかないんだわ。

わしを使ってくれた谷口さんは、和歌山のほうの人らしいんだけど、国の補助金申請をして家を建てたの。風呂もついていて、その頃はめずらしいポンプもあった。おかげで、わしはそこから水をもらえることになって、水汲みがほんとに楽になった。

十六歳のときは、自分の田んぼづくりの合間に、三好さんのところにも働きに行った。

三好さんのところでは、お昼になるとみんなに同じように、熱いご飯と味噌汁と漬物が出たの。

その頃、富岡さんという大きな牛の牧場にも働きに行ったけど、そこでの昼ご飯は、前日の残りご飯と大根一本だった。ご飯もちょっと傷んだようなにおいがしていた。だからそこでは、わしは自分で弁当こしらえて持っていくようになったんだ。

でも、三好さんからは度々働きに来てくれ、っていわれたけど、わしは富岡さんのほうによく働きに行っていた。貧しくても、心があったと思うの。というのも、三好さんのところで聞いたひと言が、わしの心から離れなかった。

当時は戦争中だったから、本州のほうから援農隊っていって、農家の家に手伝いに来ている人があったの。ある日の休憩のときに、その内地から来た人が、「このへんのアイヌの人は、どうやって暮らしてるんですか?」って三好さんの奥さんに聞いたんだ。そうしたら、わしがそばにいるのに気がつかないで、こんなふうに答えたの。

「このへんのアイヌは、その日暮らしや」って。

この言葉がずっと自分の心にとげのように刺さって忘れられなかった。「よくいったな、覚えてれよ」って思って、腹が立つやら、恥ずかしいやら、情けないやら。三好さんのとこ行ったら、茶碗いっぱい熱いご飯を食わせてくれて、こんないいとこないな、って思っていたけど、いっぺんでその気持ちがなくなった。そんなふうにシャモに笑われて、その日暮らしだっていわれるんなら、シャモに使われてたまるかって思った。ぜったいに、自分できりもりしていかないと、とね。

この年、住んでいた家をこわして、建替えたんだよ。おとっちゃんが百円も出して、近くの中島さんが持っていた隠居所の家を買ったんだ。おっかちゃんが百円札を見せてくれたけど、それが百円札を見た初めてのことだった。

その中古の家を持ってきて、それに手を入れていった。入口のところに、ひと坪の土間があって、正面の板戸を開けると台所。右側の板戸を開けると、四畳半の居間になっていて、そこに囲炉裏があった。そこで、いつもご飯を食べていたよ。あとは、おっかちゃんとおとっちゃんの寝るところ、わしが寝るところ。そして、ロルンプヤㇽ（神窓＝注）がある三畳部屋があった。おとっちゃんは、カムイノミ（神への祈り）をちゃんとできる人で、大切にしていたね。

壁はどこも板張りで、台所と囲炉裏の部屋は床も板張りだった。だから夏はいいんだけど冬が寒くてね。あんまり寒いときは、畳をほかの部屋から持ってきて敷いたの。夏になるとまた戻してね。そして囲炉裏にも厚い板を渡してふさいで、その上に薪ストーブを置いて、煙突つけて燃していたね。

明かりは、ランプを使っていたけど、火屋みがきは手の小さいわしの仕事だったわ。大人は手が大きすぎてガラスの内側に入らないからね。内側についた、すすや汚れをいつもきれいにみがいてた。電気がついたのは、日本が戦争に負けた翌年、わしが十八歳のときだったからね。

どの部屋も天井は板張りで、それまでの草小屋とは違って天井裏が見えないんだわ。屋根は柾葺きで、これはおとっちゃんが居壁まささんという柾割りのできる人に頼んで用意してあったもので、きれいなものだった。

家の外には風呂と便所があって、風呂場はひと坪くらいで、桶やが作った箱形のものに鉄板が敷いてあった。鉄板の下から、薪を燃してお湯をわかして入るんだよ。便所のほうは、深い穴が掘ってあって、そこに厚めの板を二枚渡してあった。

そして馬小屋もあって、そこは全体で七坪半くらいの広さで、奥は二頭の馬が飼えるように仕切ってあった。屋根裏には、わらを束ねた馬草をぎっしり詰め込んであって、おろすときは梯子をかけて上から転がして落とすの。

出面取りは、冬もあったんだわ。十七歳の冬に、初めて山に除雪に行った。当時は山から木を切って運び出す仕事が冬の男たちの仕事で、そのための道づくりに女たちもかり出されたんだ。その年は、新冠町の山で造材をやっている岩倉組の仕事で、荻伏や東栄に住む若い娘たちといっしょに働きに行った。

正月明けてから三月の末まで。晴れでも、曇りでも、天気なんてまったく関係なくて、毎日、造材山までの道づけをしていくんだよ。角スコップと呼んでいる、先がとがっていない四角いスコップを持ってね。

このときは、ちっちゃいあんちゃんもいっしょだった。三か月間だったけど、兄妹でいっしょに働いた最後の思い出になった。というのも、この年の九月にちっちゃいあんちゃんは出征していったからね。

（注）アイヌの家（チセ）の東側にあり、神々が出入りする。熊や鹿を獲ってきたらこの窓から出し入れする。祭儀の道具もここから出し入れする。

ちっちゃいあんちゃんの出征

一九四四（昭和十九）年九月、ちっちゃいあんちゃんは出征することになった。

出征の前日、「サキ、ちょっと来い。髪を結ってやるから」っていうので、驚いたけど結ってもらったの。田んぼや畑仕事、うちの中のことで毎日忙しいから、自分にかまってい る暇なんてなくて、翌日があんちゃんの出征の日だとわかっていても、集まってくれる近所の人を迎える準備で忙しかったの。きっとあんちゃんは、そんなわしに同情してくれたのかも知れないね。

あんちゃんは、わしの髪をくしでとかしてくれて、「お前もパーマかければ、かわいいのになあ」っていったの。あんちゃんは、蟹工船に乗って働きに行ったとき、横須賀で、パーマをかけた若い女の人を見ていたんだね。わしは、そんなハイカラなもの知らなかったから、そんなものかなあって思っていた。あんちゃんは手が器用な人だったから、きれいに髪を結ってくれたんだよ。裁縫だってうまかったんだから。

九月十日の出征の朝は、姉茶の神社にみんなして詣でたんだ。そこから帰ってきたとき、にいちゃんばばは、うちわ太鼓を叩いて、日蓮宗のお経をあげていたわ。当時はアイヌプリ（アイヌの風習）は全部禁止されていたからね。そして、自分がしていた袈裟をあんちゃんの体につけてやっていた。あんちゃんは、来てくれた人たちに挨拶をしたの。そしてわしのほうを向いて、こういった。「サキ、俺が兵隊に行って帰らなくとも、お前が遠山家を守っていくんだよ」って。

おっかちゃんにも声をかけたんだけど、おっかちゃんは急に心臓の具合が悪くなって、まわりの人にかかえられてうちに入ったの。だから、ほんとうはいっしょに荻伏の駅まで見送りするはずだったんだけど、行けずじまいだった。後で聞いたら、あんちゃんが神社から帰ってきたときに、「ああ、このわらしは行って終わりだなあ」って思ったんだと。で、おっかちゃんの心臓にきたんだ。これも大事なことだよ。アイヌってね、カムイがちゃんと教えてくれるから。

あんちゃんの言葉は、まるで遺言みたいだったけど、ほんとうにそれが遺言になってしまったんだよね。

あんちゃんは、姉茶の神社から南のほうへ向かって「天皇陛下、ばんざーい」といって、駅までみんなで歩いていって、万歳三唱して送り出したの。その頃は、天皇陛下、天皇陛下、何でも天皇陛下っていったらみんなで頭を下げるんだから。それがあんちゃんを見た最後だった。

どのくらい後だったか、満州にいるあんちゃんから手紙が届いたの。何が書いてあったか覚えてないけど、あっちこっちが墨で黒く消してあった。家族への手紙なんだけどね。何が書いてあったんだろう。それっきり音信不通になってしまった。

翌年の八月に敗戦を迎えて、あんちゃんのことを役場に問い合わせても「公報が入っていませんから」という答えばかり。ほかの人たちが、秋から次々に復員してくるんだけど、その人たちにあんちゃんの消息を聞いても、ぜんぜんわからないままだった。

ある日、役場からいってきたのは、「満州で終戦を迎えて、そこからシベリアに抑留されて、ニコラエフスクで死亡したそうだ」という公報だった。そんな遠いところで、とっても寒いところで、あんちゃんが辛い思いをして死んだのだと思ったら、かわいそうでたまらなかった。なかなか信じられなくて、おっかちゃんも、野深にいた平野ミノさんという神がかりをする人に頼んで、あんちゃんがどうしているか、みてもらったの。その結果、あんちゃんはもう戻ってくることはないって聞かされて、やっとあきらめがついたの。

わしにとっては、たったひとりのあんちゃんだったのにね。

第一章　アネチャに生まれて

第二章

家族を持って

友だちができて

十六歳（一九四四年）から自分で田んぼをやって、畑をやって、そして現金を得るために出面取り（日雇い）にも出かけた。十七歳の冬からは、除雪の仕事で遠くにも出かけるようになったけど、その頃いっしょに働きにいく仲間の中で、女友だちができたんだ。それまでは人の顔色ばかり見て、びくびくしてひとりぼっちだったけど、友だちができたのはほんとに嬉しかった。ふじちゃんとは色んな話ができてね。いっしょに歌って、歌って。

仕事はたいへんだったけど、田んぼも畑もやればやっただけあって、わしを裏切ることはない。花もね、植えておけば必ず咲いてくれる。スイセンの球根だって、裏切ることはないよ。家の建物がなくなって、そこが草原になっても残っているからね。農業はほんとにわしに合っていたと思う。

歌っていえば、にいちゃんばば（イト叔母）も時々やってきて、「歌え」っていうの。十五にならないくらいのときかなあ。黒い生理帯を買ってきてくれてね。「これはなあ。お前たいへんなときがくるから、そういうときに使えよ」っていってくれて。そんなふうに何かいいことをしてくれるときに「歌え」っていうの。そのときも「湯島の白梅を歌え」って。「ゆーしま　とおればおもいだす……」って歌えば喜んで、手を叩いて「ありがとう、ありがとう」っていうんだ。にいちゃんばばは、いい叔母だった。

わしが十七の頃、毎年八月十三日から二十日まで盆踊りがあるんだ。夜に着ていく服を風呂敷に包んで家の窓から外さポトンと落としておいて、家のことやってるふりしながらそっと外に出て、風呂敷包持って走って逃げるんだ。おせんちゃん、あやちゃん、ふじちゃんと待ち合わせて、ずっと奥の上野深《かみのぶか》まで行くんだけど、伏木田さんの後ろの川こいで行かなければならないの。その頃はまだ橋もなかったからね。何人か若い男の人もいっしょだったので、おんぶしてもらって向こう岸に渡ったもんだ。

あるとき、踊りからの帰り、昼間の仕事の疲れと眠いのとで、ふじちゃんと二人で材木がいっぱい積んであるところに寄りかかって、ちょっと休もうと腰掛けたら眠ってしまってな、目を開けたらうす明るくなってってな。「大変だ、大変だ」ってな、ふじちゃんは向井長吉さんの家に使われていて牛の世話もあるし、わしも早く帰ってご飯炊きしなければならないからなあー。

自分で農業やるようになってから、歌も歌うようになったの。その頃はやっていたのが、李香蘭《りこうらん》の唄で「キナをチャシチャシ　ナイからナイへ」（ござをつくる材料を取りにあっちの沢からこっちの沢へ）や「花のかんざしユラユラとお嫁に行くのがもう近い、柳につばめが来るように、その日が来るのを待ってます」。荒関さんのあやちゃん、同い年だったふじちゃん、おせんちゃん、なかでもおせんちゃんは大好きだったの。かわいそうにわしより三つ年上だったけど、早死にしてしまったわ。夏の夜、上野深まで盆踊りに行ったりして楽しかったな。今にして思えば、わしの一番の青春時代だったと思うよ。

十七の冬に除雪に行くのも、にいちゃんばばがきっかけだったんだ。知り合いの新冠《にいかっぷ》の奥さ、除雪隊で行くってことになって、こういったんだ。「布団ひと組をお前にやるからな」って。それでわしも行くことにしたの。除雪の仕事に行くときは、自分の布団をみんなそれぞれ抱えていくんだ。

そして「これからいうことを忘れるなよ。男の人がお前さいたずらするのに、一生懸命なんかいうから、『私は嫁さんになるときは、ちゃんと島田を結って嫁さんになるんだから。いやだ、いやだ』っていえよ」って、いわれたんだ。そのときの言葉はずっと忘れないでいたよ。

じっさいに除雪に出かけたら、向こうで声をかけてくる男の人がいた。襟裳《えりも》のほうから来た若者で「サキちゃん、サキちゃん、俺、命の洗濯してもらいたいな」っていうの。「洗濯ならいくらでもしてあげるよ」っていうと、「いや、命の洗濯してもらいたいんだ」ってさ。何のことかと思ったよ。

そのときの除雪は、新冠の奥の岩倉の山だった。山の中でもいっぱい人がいて、除雪する人、馬車追いの人、切り出した丸太が積んであって、それを長いとんびで、よいとこのさっさ、よいとこのさっさ、って引っ張るわけ。そして三本も四本も馬につけて引っ張らせるの。危険な仕事だったよ。丸太と丸太の間にはさまれて死んだ人もあった。

二年目の冬（十八歳の頃）は夕張に除雪に行ったんだけど、大きな飯場だった。わしはふじちゃんと二人でいっしょに行った。男たちの飯場の中はね、まん中が通りになっていて、両脇に布団がずらっと敷いてあるの。ふじちゃんと二人で、そこに遊びに行ったこともあったよ。ふじちゃんは好きな男の人がいたみたいで、わしもそのときのが初恋だったのかな、って思う人がいた。

飯場の中の通りを歩いていって、靴ぬいで布団があるからそこによっかかって、いっしょに話したんだ。そしたら、こういうふうに手枕して、「おらが死んだらよ、さきこが花持ってさ……迎えにだんちょね」って、そればっかり歌ってるの。それだけの話だけどね。

わし十八のとき、戦争負けたんだ。これまでは、年をいうとき数えでばっかりいってたのに、戦争負けてから、今のように満で何歳というようになったんだ。それから、この年、電気もついたし、木の払い下げもあった。ポンプついたのも十八のとき。河原さ行ってチキサニ（ハルニレまたはアカダモ）を切ってきてポンプの芯を作って、中側に皮はって、迎い水ひとつやってからポンプ押すと水が上がってくるんだ。この年、山の分配があって前の山、当たったの。とっても良いところだったので嬉しくていたのに、おとっちゃんがだまされたべな。すぐに売ってしまったんだよ。悔しかったなー。

父さんとの出会い

十九歳の冬は、美唄《びばい》の山の除雪に行ったの。一月の始めから行ったんだけど、まだ十日くらいしかたっていないのに、「おっかちゃんの具合が悪くなったから帰ってこい」って連絡がきて戻っていった。じつは、お見合いだっていっても帰ってこないだろうからって、おっかちゃんたちが策略を練ったんだ。それで帰ってみたら、病気じゃなかった。

それでうちにいたら、おせんちゃんが遊びに来てね。おせんちゃんとわしは、いっしょに田植えにも行ったり、盆踊りにも行ったり、ほんとに仲良しだった。働きに行った先でも、二人で寝たり起きたりするくらい。

そのおせんちゃんと、「エヘへ、アハハ、オホホ」って、二人でなんかやってたとこに、おとっちゃんがだれかを連れてきた。

「サキ、お前、なんか出して食わせろや」っていうから、「ああ！」って、あわくって起きて、きなこ餅だったか、こさえて食わせたんだ。二人だもんだから、二人分こさえて。わしらは、エへへ、アハハ、っていいながらこちら側にいたんだけど、それが、「父さんとの見合い」ってもんだったらしいんだ。

向こうでも、ろくにこちらを見なかった。相手がわしでなく、おせんちゃんって思ったんでなかったかって、思うのよ。おせんちゃんは三つくらい上だったから。おせんちゃんは、早くに子どももひとり産んでいたけど、きれいな女だったもの。いつでも頭をきちっとしてる人でね。それを見て、わしも頭だけはきちっとしなければ。顔はなんぼブスでも頭だけきちっとしてれば見やすいんだから、と思った。

その日の後、これがわしの見合いだったと聞かされた。「向こうでいいっていってるからサキはどうか?」って。もうびっくりした。「サキ、サキ、サキ」って、ほんとにセミ鳴くみたいに、あっちからこっちから結婚しろといわれて、おせんちゃんと二人して、おいおい、おいおい泣いてね。

もともとこの話は、おっかちゃんの妹のイト叔母の養女になった、ユリがもってきた話だったの。おっかちゃん、おとっちゃん、それにイト叔母たちが、「サキも年頃だから、いい人がいたら結婚させるべし」って相談していたんだわ。それを聞いたユリが、だんなさんに話したら、仕事先で知り合いになった人がいるから、って。

このユリって人は、よく嘘をつく人でね。それも上手に嘘をつくから、みんなだまされるんだわ。わしも何度もだまされて、ユリのことは「魔女」って呼んでいたんだ。その魔女がもってきた話だったからね、信用できるかどうかもわからなかった。

今思えばな、わしが田んぼ作るようになってから、おっかちゃんやイト叔母たちが、サキも良い年頃になってきたし、変な虫がつかないうちに良い人がいたら結婚させるべしっていう相談をしていたんだと思うんだわ。その頃、川向いにひとりの若者がいて、ノミでも何でも器用に使い、小屋ひとつ建てたんだ、っていうことを聞いて、「ああいう手に職を持ってる人はすごい人だから、もう決めたからな」って。「年は若いけど、しっかりした大工っけのある男だ」っていってほめていた。

ただね、よく聞くと、「アイヌに育てられたシャモだ」っていうの。わしはそれを聞いたとたんに、もういやだ、いやだと思ったの。子どもの頃からずっとシャモにいじめられてばっかりで、差別されて暮らしてきたから、シャモなんかきらいだ、きらいだって思ってたからね。わしの意見はひと言も聞かないし一方的に事が進んで、一月二十八日に結婚式をすることが決まったの。

今になって考えたら、父さんといっしょになって良かったなって思うよ。でも、そのときはそんなことわからんからさ。

父さんも、後から聞いた話では、愛想のないわしを見て、気が進まなかったらしいよ。

だけど、おっかちゃんが気に入ってしまったの。「もう決めたからな。その人と結婚せー」「親のいうことを聞くのが親孝行なんだ」「五つのときから預かって育てたのを忘れるなよー」って、わしのいうことなんてまったく聞かないで、おっかちゃんが進めていったの。おとっちゃんとおっかちゃんに逆らうことなんてできないしね。泣いて泣いて結婚式の日を迎えたんだわ。初めて会った一月の、月末には結婚式だった。

結婚式の日

結婚式の前の日、わしはイト叔母といっしょに姉茶から山二つ越えた浦河の旅館に行ったの。そこで、うちのおっかちゃんの長い間の夢だった、島田を結ってもらった。自分の髪で結ったんだけど、そう、後ろでしばるくらいあった。その前に、魔女と二人でパーマ屋さんに行ってね。それでこれくらいの髪どうだろうってパーマ屋さんに聞いたら、「いやあ、これで結えるから、このままにしておいて」っていわれてた。その日はイト叔母といっしょに風呂に入って、その旅館に泊ったの。

翌日は、にいちゃんばばといっしょに、髪結いさんのところに行って、またきれいに結い直してもらったの。

父さんのほうは、その頃、新冠の山で働いていた。いつも近くの山ではなくて、遠い、一日かからねば行かれないようなところばかりで仕事していたんだ。そして、明日結婚式をやるっていう日に、おとっちゃんの息子のときあんちゃんが父さんを迎えに行ったの。おとっちゃんは再婚で、おっかちゃんと結婚する前に息子がいたんだ。父さんの仕事が終わる時間というのは遅くて、もうまっ暗なの。三月か四月頃だったら、少し明るいけれども、一月だったからね。

それで父さんは仕事が終わって、暗くなってから飯場に戻ってくるとすぐに、ときあんちゃんが待っていて「さあ、さあ、さあ、もうお前ば迎えにきたんだから。明日式をあげるんだから、行こう、行こう」っていわれたそうだ。道具も山の中の飯場に置いたまま、引っ張られて歩いてきたんだって。三十キロも、四十キロもあるところを、山奥から歩いてくるんだよ。

仕事して、山降りてきて、だからくたくたに疲れている。けども、二十歳やそこらの若い者だけど、晩ご飯も食わせないで引っ張って下がってきたから、もうよたよた。眠くて、眠くて、こんな細い道に来たら、よたよたってして、雪の壁みたいなとこさぶつかって、こけたりするんだって。それでも起きて、歩いているうちに、どっかに明かりがついた家があって、そこさ駆け込んで、「すみませんけど、少し休ませてください」って。「ああ、休め、休め。火にあたれ、あたれ。今ちょうど浜さ行って、魚もらってきたもんだから、その魚のおつゆ炊いて食って、今寝る気してたけ、食え、食え」って。浜さ行ってもらってきたんだべさ。新冠の奥なんだから、貴重な魚だよ。その活きのいい魚のおつゆ、腹いっぱいごちそうになって、それからまた歩いてきたんだ。「ほんとにえらいことだった」って、後から父さんがいってた。もう居眠りしいしい歩いたんだって。

そして静内からは汽車に乗ってきて、やっと結婚式に間に合った。父さんも床屋に行って、それから浦河町大通りに店がある山本写真館で、いっしょに結婚の記念写真を撮ったの。着物をつくってくれたイト叔母とも並んで撮ってもらったよ。それからハイヤーに乗って、姉茶のうちの前の道路まで来たんだけど、中道に入ることできないわけよ。雪が積もって。一月の二十八日だから。

それで家から、馬そりかけて、そのハイヤーのところまで来て、それに乗っていったの。ちゃんと髪結いさんも来てたんだよ。そういうふうにして結婚式する人なんか、当時のその村ではちょっといなかった。

わし、そのときの感想を聞かれても覚えていないの。お人形さんのように作られてしまっているんだからね。覚えているのは、馬そりから降りて、家の中さ入ったときにおっかちゃんがわしを見て「あれぇあれぇ、これがオラの娘か！」って泣きながら心から喜んでいるのが嬉しくて。小さい頃からのつらかったことも、いっぺんに吹きとぶくらいだったよ。それからもうひとつおっかちゃんが「サキお前は、兄弟もいないんだから、子どもたくさん生んで兄弟だと思って暮らせ」って、この言葉も嬉しかった。島田を結うのはおっかちゃんの長い間の夢だったんだって。

髪結いさんはずっと側についていて、立つにも座るにもきれいにしてくれた。そんな中で仲人さんって人も、どうやったもんだか。お客さんも、みんな座っていたんだろうけども、そのときに自分がどう思ったかわからない。こっちはお人形さんみたいに作られてしまってるんだから、みんなの様子は覚えていないんだ。

ひと晩だけみんな集まってのお祝いだったけど、その頃は一円お祝い包む人もいれば、五十銭包む人もいた。うちの板戸をとっぱらって広間にして、そこで披露宴が行われた。そんな結婚式をしてくれただけでも、うちのおっかちゃんは偉かったなって思うの。村の人や、野深からや、おとっちゃんの親戚のほうは歌笛《うたふえ》から来るし、東静内からは父さんの育ての親、又夕張や美唄に除雪でいっしょに働いたわしの友だちも来てくれてな。たくさんの人で家に入りきれないくらいだったよ。わしの父親オトウにも祝の案内したんだろうけど、オトウは来ないで代わりにいとこの居壁宇佐助をよこしたの。おっかちゃんが、「お前らが行って見せてこい」といったので、式が終った後で、二人で野深まで行ったんだよ。

結婚の記念写真

オトウのこと

おっかちゃんが「サキ二人で野深さ行って、オトウに顔見せてこい」っていうてな。ゴザ敷いてあるつま皮の下駄はいて二人で出かけていったんだ。つり橋渡ってすぐのところにオトウの家があったから家に入ると、オトウは、いとこの宇佐助さんから昨日の披露宴の様子を聞いていたようで「姉茶中の人やあっちこっちから人が集って、きれいな身なりして髪も結って大した素晴しかったっていうんでないか」といって大そう喜んでくれたのね。わしもオトウの言葉を聞いて何となく嬉しくなったわ。披露宴の晩から、父さんとわしは元いた家をイト叔母が建て直してくれて、そこで暮らすことになったの。周りの人もわしらを二人だけにさせようと色々気をつかってくれたね。オトウと会ってから、父さんは仕事のきりをつけるために新冠の山に戻っていって、二日ほどして、姉茶に帰ってきたの。

わしは父さんのことというより憎いシャモが許せなかったから、何かすれば、すぐ口をついて出てくる言葉が「あのシャモ」「あのシャモ」であったのね。おっかちゃんは「お前の旦那様をシャモとはなんなんだ」って怒るけど、わしは心の中でいやだからシャモっていうべさって思ってたの。わしが小さいとき受けたいじめがひどかった分、なかなか人になじめないで暮らしてきたんだからなぁ。私にシャモといわれても、体を許さなくても、父さんはじっと耐えていて、おとっちゃんやおかっちゃんを「父さん母さん」って心から慕っていっているのを聞いてからわしの心が父さんに対して、少しずつ開いてきたの。父さんは話にあったように良く働くし器用だし、親にも私にも気を遣ってくれる優しい人であったの。

　雪がとけた春先になってわしは忙しかったなぁ。四月になって、野深からオトウを元いた草小屋の家へ連れてきたのさ。きっと体こわして、弱っていたんだべな。わしは忙しい合間にあまかい作って持っていったりしたんだ。

　七月十五日、暑い日だった。わしは朝から田んぼさ入って除草機かけていたら、ライチㇱカㇽ（人が亡くなったときに泣く儀式）が聞こえてきた。オトウが亡くなって、おっかちゃんが死者のために泣くライチㇱカㇽしていた。暑さに負けたんだなぁ。オトウは五十五歳だった。オトウが死ぬ何日か前、こういったんだ。「サキ、月の変わり目、気をつけれよ」ってね。昔暦ってないから。自然で生きているんだから。生まれるときは潮込み（満ち潮）。死ぬときは潮がなくなっている。あれは遺言だったんだなぁ。わしが結婚したのも見せたので安心したと思うよ。

初めての子ども

その頃わしは、一町五反の田んぼを作っていたの。春の田植えや秋になって稲刈りの時期には父さんも山から下りてきて手伝ってくれるけど、終わるとまた何日も山さ働きに行くの。一か月くらい帰ってこないこともあったね。

夏頃だったか気分がすぐれなくて食欲もなくなっていたから、赤ちゃんができたってことがわかったの。野深に親戚にあたる居壁リセ子さんのハポ（母）が産婆さんだったのでそれから月に一回ぐらい診てもらうようになってね。うさこおばさんというんだ。ラッパみたいなものを腹に当てて、音を聞いてるみたいだった。

恵子は一九四八（昭和二十三）年二月九日の夜八時頃生まれたの。旧正月だったし、もう産むのが近いからって産婆さんにも来てもらっていて、おとっちゃんは無事に生まれるようにってアイヌ語でカムイノミ（神への祈り）してくれてたんだ。おっかちゃんやイト叔母からは、痛みが来て天井がかすんで見えなくなるまでは生まれないんだと聞いていたから、痛みが来てもまだ見える、まだ見えると天井ばっかり見ていたらそのうち強い痛みがきて、うんっていきんだら生まれたんだ。

わしが子どもができたってわかってからお産するにあたって心に引っかかっていたことがひとつあったの。おっかちゃんが、わしが生まれたときの様子を、「サキだば生まれたとき、毛の中から目だけ光ってまるって、犬の子っこみたいだった」っていつも悪くいっていたから、きっとわしの赤ちゃんも化け物みたいな子どもが生まれるに違いないと思っていたのね。でも生まれた子どもはとっても可愛くて、わしはほっと胸をなでおろしたよ。おっかちゃんは自分の孫を見て「あれえー、あれえー、これはおらの朝三郎《けいさぶろう》の生まれ代わりだ」っていうんだよ。「おっきいあんちゃんの生まれ代わりだってか？」と聞き返したら、「そうだ、見れ。朝三郎は右の肩甲骨のところにホクロがあったんだ。ほら、ここにホクロがあるべ」っていうから見てみたらほんとにホクロがあったの。おっかちゃんの話によれば、一人息子を結核で、しかも二十五歳という若さで亡くした悲しみはたいへんなものであったから、あきらめきれない気持ちを、トゥス（まじない）する人のところへ行ってみてもらったんだって。そしたら神様が「あんたの子どもは、いずれ型（ホクロやあざのこと）を持って生まれてくるから、気をつけて見ていなさい」っていわれたんですとさ。そのことを孫の身体を見たときに、急に思い出したんですと。恵子という名前は隣の桑田さんのみねおさんにつけてもらったんだ。わしは父さんと結婚してからもシャモはいやだと思っていたので、時々、「あのシャモが」といっていたのね。わしにしたら小さいときに受けたいじめがひどかった分、なかなかなじめなかったのね。そんなわしに対して父さんはおだやかな性格で優しい人であったの。

二月九日に恵子が生まれたんだけど、父さんは産後の身体が冷えないようにってストーブの灰を小鉢に入れて、そこにおき火を入れて、五徳を立ててにわかの火鉢を作ったの。それに餅を入れた土鍋を載せて、わざわざわしが寝ている床まで持ってきてくれて、わしに食べさせてくれるの。その思いやりに感謝したよ。とっても身体が温んだもの。わしがお産したばかりでおしっこに行けないで尿瓶を使えば、すぐにおしっこを投げてきれいに洗って、いつでも使えるように用意してくれたりもしたの。

今、振り返ってみると、十分すぎるほど父さんは、わしのことを思ってくれていたことがわかったの。わしの面倒を見る合間に、時々寝ているそばさ来てね、そおっとフトンめくって赤ちゃんの顔ば見ていくんだわ。わしが床上げしてからも、子どもをとっても可愛がってね、食べ物やお風呂、おしめの取り換えや洗い物など、ほんとうにこまめに働いてくれたの。助かったよう。わしの心が父さんに対して少しずつ開いてきたの。六月になって田植えがひと段落すると、父さんはまたフトン背負って働きに出かけていったの。

恵子のやけど・父さんの骨折

一九五四（昭和二十四）年、この年は、わしら家族それぞれに悪いことばかりが降りかかったの。二月のある日、おっかちゃんが恵子を膝の上で跳ねらしながら、「これだばカムイの子、カムイの子、授かりもの」といいながら、めんこがっていたんだけど、何かの拍子に恵子の顔の左側をストーブにくっつけて大やけどさせたの。まさに火がついたように泣く童に、イモをすって顔半分隠れるくらいにくっつけて応急手当してから、すぐに上のほうにいるおっかちゃんの妹のイト叔母のところへ恵子を抱きかかえて走ったの。イト叔母はすぐにまじないをして「くじ」を切ってくれてな。その頃は、山二つ越した浦河にしか医者はいなかったから、雪道を恵子をおんぶって医者さ行くのに歩いて行ったんだ。顔半分皮がはがれたの見て、胸がつぶれるくらい辛かったよ。

最初の手当のイモが良かったのか、まじないが良かったのか、医者もびっくりしてたけどな、今、あとかたも残っていないのを見て、ほんとにカムイが護ってくれたんだと感謝するよ。

この年、父さんは、山から下ろした材木を船に積むつみとり船の、最後の仕事だったの。山から下ろした丸太を沖のほうまで流してから、トンビで引っ張る仕事をしていたんだけど、丸太と丸太の間に挟まれて足を骨折したと、四月三日に連絡が入って、苫小牧で有名な平井病院に入院してしまったのさ。めどが立つまで病院に来て看護しなさいということだったので、わしはすぐに布団や米などあれこれ用意して、おとっちゃんに荻伏駅まで馬車で送ってもらってね。米や布団はチッキで駅から出して、苫小牧に向かったの。父さんの入院していた部屋は六畳ぐらいの広さで三人ぐらい寝ていたな。付き添いの部屋は別にあって、おばさんと二人でいたの。恵子は病院の先生や皆に可愛がられて、人気者だったよ。

そのうちおっかちゃんから「恵子ば見たいから戻ってこい。お前の代わりの付き添い人やるから」っていってくるので、姉茶と苫小牧を行ったり来たりしたのよね。

父さんの苦悩

父さんが退院したのは、五月の末だった。田んぼ起こしや代掻きは、おとっちゃんがやってくれて、畑に種ものをまいたり、温床作りや温床用の障子に油紙を張ることなどはわしがやって、おっかちゃんも手伝ってくれて、まずまず皆で協力して農家の春先の仕事を終わらせていったの。

退院したばかりの父さんは、体が自由に動かせなくて辛かったと思うんだわ。何でも真面目に働く人であったからね。たまに近所の谷口さんとこのしげいちと囲碁をしていると、おっかちゃんが文句ばかりいうのよ。ある日のこと、おっかちゃんと父さんと畑で草取りしていると思ったら、とうとうケンカが始まって、大した口もめの後、父さんが「おら、こったらとこに居たくない」っていうので、まさかそこまで思いつめているとは思わなかったので、つい「好きなようにしたほうがいいわ」といってしまったの。わしは、おっかちゃんと父さんの口もめの間に入っていやな思いばかりしていたし、子どもさえいればいいと思ったので、そういってしまった。

あくる日になって、いつの間に出ていったのか父さんの姿が見えなくなっていたの。それでも何日かしたらプラーッと帰ってくると思ったのに、十日たっても二十日たっても戻ってこなくて、一か月もたった頃から、父さんのいったことは本心だったんだなってわかったけども、時間がたった分、お互いに埋めがたい溝ができてしまっていたんだな。わしも「やっぱりシャモだったんだな」という虚しさを心に持つようになっていったの。

八月になったら、恵子が具合悪くなってね。不安になって病院に連れて行ったんだけど、お医者さんはこれといって別にどこも悪くないので、しばらく様子を見ましょうということになったの。だけどやっぱりどこか悪いみたいなのね。おっかちゃんは、恵子を自分の息子の生まれ変わりだと信じて、可愛がっているもんだから、お医者さんが何でもないといっても、だれの目から見ても、ぐったりと具合悪そうにしているのをたいそう心配してな、行きつけのトゥス（神を拝む）する人のところへ連れてって見てもらったんだよ。そしたらその神様がいうのには「この子は、父親に会いたがっているし、父親はこの子に会いたがっているの。その父親の思いがこの子にかぶさって、この子は具合が悪くなっているから、父と子がひと目でも会えば、この子の具合は必ず良くなるから、何も心配はいらない。一日も早く会わせてやりなさい。そうしなかったら、この子はだんだん弱っていくよ」って、神様から教えられて帰ってきたの。

おっかちゃんは「サキ、頼むから父さんに恵子を会わせてやってけれ」っていうのよ。わしもいまさら会いに行くのはいやだったので黙っていたんだけど、恵子の按配が一向に良くならないもんだから、わしも心を決めてな。綿の入ったねんねこの中さ、恵子をおんぶってさ、父さんがいるっていう家を探しに出かけたんだ。

九月に入ってたな。静内の奥にいるって聞いてたから、途中で畑仕事している人がいたから、「あの、すみません。どこそこの家はどこら辺でしょうか」って聞いたら、その人が「ああ、あのね、この田原のほうにね、土人さんがね」っていったの。ていのいい人は「アイヌさん」っていうけどね。バスから降りて田原さ行った。そうしている間にも、恵子はどこがどうしたっていうのか、泣いて泣いて、ぐずってどうしようもないの。道ばたに下ろしたりしながら、尋ね尋ね行ったら、ある家のガラス窓に、息をかけて曇りを作って、そこに父さんと恵子とわしの三人の名前が書いてあったの。偶然にね。それから家の中に入って、おぶってた恵子を下ろしたら、恵子が父さんを見たとたん、急に元気になってね、「キャッキャッ」って笑ってるんだよ。まるで手のひら返したように。もみじのような手を広げてね。父親さ抱っこさったの見て、わしびっくりしてしまったの。親子の情愛っていうか、お互いが思い合う念というか、そのすごさに驚いてしまったの。ほんとうにこういうことってあるんだよね。不思議だわー。

恵子の具合は良くなったけど、すっかりこんじけて（ひねくれて）しまった父さんの心は直らなくて、姉茶に帰ってこないの。わしはひとりで畑だ、稲刈りだと秋の農作業に追われていたある日、十一月になって、父さんから手紙が来て、子どもの顔も見たいし、魚も干してあるから来いっていってきたの。おっかちゃんが喜んでな、そのとき初めて恵子さ着物こさって、着せてくれたのよ。会いに行ってこいって。おっかちゃんはこれまで赤ちゃんのもの何ひとつ作ってくれなかったの。他人には、肌襦袢《はだじゅばん》だなんだって縫ってやってるのにな。したからわしは、赤ちゃんできたってわかってから、全部ひとりでこしらえたんだ。雇いに行ってた安原さんのおじさんが、用があって来るたんび縫い物してるもんで、「きっこはえらいなー、ちゃんと子どもさ、そうやって作って」とよくいわれたわ。

きっことという呼び名はね、わしのハポがサキのキのほうをとって、「きっこ」って呼んでたんだ。ちっちゃいあんちゃんの名前も善吉だけど、ハポはどういうわけか「ぜんきち」といわないで「きち」って呼んでたって。

父さんは久しぶりに我が子を抱き上げながら、「きれいな着物こさってもらったのか、きれいな着物着たのか」ってめんこがって話かけてな。ひと晩泊まって帰ってきたの。干した魚いっぱい持たせてくれてなー。

自分が親のこと思って泣いていた頃のこと思い出して、子どもにはそういう思いを味わわせたくないと思ったんだよな。やっぱり子どもにとっては、ほんとうの親ってのは大事なものなんだって思うようになった。

正月の何日頃だったか、おとっちゃんに姉がいる三石さ遊びに行くべやっていわれて行ったときのこと、夜になってから何やらわしの再婚話をしているらしいので、わしは恵子を寝かすふりをしながら聞いていたら、シタコタンにある牧場で働いている人らしいんだけど、それがちょっと「ハイタ」しているんだって。「ハイタ」ったら、「ちょっと足りない」という意味なんだけど、それが皆してアイヌイタク（アイヌ語で話す）してるの。わしも少しはアイヌの言葉解るから、（再婚に）だれが行くもんかと思った。明日になっておとっちゃんや皆に「ちょっこし行くべ」っていわれたけど、わし子どもとみえちゃんといっしょにいたいから行かないって断ったの。みえちゃんはタマババのもらい娘で、わしより二歳年が上だったけど、わしはみえちゃんに会いたいから来たんだもの、おとっちゃんは、わしが断ったら「そうか」って言って、それ以上きついこといわないで二晩泊まって帰ってきたの。

子どもにとっては、同じ父親母親が一番だってことはわかっていたけども、もう一回確かめたいと思うことがあったので、東栄によく当たるっていう豆占いにすがってみようと思ったので行ったの。東栄に天理教というのがあってね。そこへ行ってみたの。皿の中に水を入れてね。そこへ半分に割った大豆を、あっちの端とこっちの端に入れたの。そして祈り言を唱えてるうちに端と端にあった大豆がだんだん寄っていって、ひとつにくっついたの。わしはこのことがあってからある程度心が決まったの。もし再婚するなら、この子の父親と、ね。それである日、ミネ叔母が来て、「サキ、いつまでなに考えてるんだって、これからは、農業をやるにしても、やっぱり男もいないば大変なんだって、ひとりではやっていかれないんだからって、お前の本心聞かせれや」っていわれたとき、やっとの思いで「そりゃやっぱり子どもの父親が」っていったの。したらミネ叔母が、「よしわかった。それがわかればよい」って、父さんの働いているところを突き止めて話しに行ってくれたの。後で聞いた話だけど、ミネ叔母が父さんに、姉茶に戻ってくるように説得しても、なかなかウンといわないんだって。三日過ぎ、四日過ぎとうとう明日で一週間という日、ミネ叔母が父さんに、「もうオラも宿賃払う金もなくなったし、明日は帰るけども、お前、そうやって、頭、縦にふらないで横にばっかり振って、何もいわないんだから、しょうがない。それだったら、お前、子ども可愛いってことはわかるけども、会いたいっていっても、これからは二度と三度と子どもには会わせないからな。そういうつもりでいれよ」っていったんだって。それからしばらくお互いに黙っていたんだって。しばらくしてから「したら行く」っていったんだって。

二月の末に、父さんが帰ってきて、子どもは子どもで喜んでな。今度父さんは、自分でさっさ、さっさと静内の役場さ行って、戸籍謄本取ってきて、今度荻伏の役場さ持ってきて入籍したの。恵子が自分の子どもだっていうことを認知して籍入れたのよ。これでもう何もいうことないって思ったの。もし、わしがあのとき決心がつかなかったら、違う人と結婚していたら、恵子は父親違うということできっと家に寄り付かないでいたかもしれない。でも、今は一にも恵子、二にも恵子って大いばりしていってるのも、ありがたいと思っているの。ミネ叔母にもありがたい、腹んばい悪いこともあるけども、ありがたいことのあるもんなんだ。ほかの人見てても、親違い、子違い、母違い、父違いの人ら、やっぱりでんごばんご（でこぼこ）になって、ちぐはぐになって、心が届かないもの。わしは父さんの子煩悩のおかげもあって幸せだったたって思う。

父さんが来て、土台のホゾを彫って、はめて、土台付きの小屋作ったのを見て、わし、改めて父さんを見直したの。ああ、シャモってどこ見てもちゃんとしてるから、この人もやればできる。なんぼババたちが悪くいっても、この人は偉い人だと思ったよ。おっかちゃんは相変わらず恵子を受け取って自分のふところに入れるのが嬉しくってなあ。わしはおっかちゃんがちょっとワキガがあったので、子どもにうつったらいやだと思い、なるべく渡さないようにすると、おっかちゃんは本気で泣くんだよ。抱かせてくれないってな。父さんもそれを知ってたから、あるとき、歌笛へ行った帰り道に、山を越えたあたりから、恵子をおんぶった父さんは、わしより先に帰ったの。おっかちゃんに恵子を見せて喜ばせるためにな。その頃は、父さんとおっかちゃんとの諍いもなく穏やかな日々だった。

次女みどりが生まれて

次女のみどりを生む時（一九五一年）、産気づいてもなかなか生まれなくて大変だったのよ。二時間も三時間も四時間も苦しんで。ほんとの親欲しいなと思って泣いたことなんぼあるかわからない。こんなにわしが苦しんでいたら、一所懸命なでてくれたり、なぐさめてくれたりしただろう。でも、意地があるから、我慢してな。

丁度となりの桑田さんのレイコさんが、お産のために里帰りしていて産婆さんが来ていたので見てもらったの。したら最初の子を産んだ時、寝てて産んだのか座って産んだのかって聞かれてな。恵子の時は寝て産んだけど、次の子は座って産もうと思ってと言ったら、ダメだダメだ、最初寝て産んだ人は寝て産むもんだといわれてな。その通りにしたらすぐに、バーンと破水と同時にみどりが生まれたの。

夕方の四時頃だったよ。そのとき恵子が三つで魔女（従妹ユリ）の背中におぶさっていながら、「赤ちゃんね、およ（お湯のこと）といっしょに生まれたの」っていうもんだから、周りの大人を大いに笑わせてそれが語り草になったの。お産してから三週間は、巣の中にいるものと決まってるので、父さんは、恵子のときと同じくあれこれと世話してくれてね。ありがたかったよ。

この頃、農協で牛をくれるという話があったの。ジャージーという種類の牛を育てて、子どもを産ませて、一年後に子牛を返すという条件付だったの。返したら後自分のものになるという。その説明を聞きに、富里の会館に集まったんだけど、そのとき、父さんの生みの母親も来てたのよ。でもわしには知らん顔してたわね。わしが一寸席を離れてるとき、孫であるみどりをあやしていたけど、わしにはあいさつも何もなかったね。それだけアイヌがいやだったのね。

三人目も女の子・悦子のこと

一九五三（昭和二十八）年四月八日の明方、三人目の子が生れた。女の子だった。前の日、ババ（子どもが生まれてから、育ての親おっかちゃんのことをババと呼ぶようになった）と二人で出口さんの裏さ行って、ブタイモ（菊イモ）掘りに行って、どっこいしょって、袋を下ろした途端に腰や腹が痛くなってね。ババは、「さ、早く家さ入って腰あぶれ」って優しかった。ババは子どもが生まれるったら喜ぶ人だったから。ミネ叔母が来ていて赤ちゃんを取り上げてくれたの。

夕べのうちから腹が痛くなっていたので、父さんが、まだ夜が明けない暗いうちから、浜のほうにいる産婆さんを頼みに、自転車ですっ飛んで行ったのね。ミネ叔母はその物音を聞いて、すぐに来てくれて、お湯わかしたり、ヘソの緒を切ってくれたり世話してくれたの。

そのうちに、父さんが産婆さん連れてきたんだけど、女の子だってわかったので、またすぐに家さも入らないで、産婆さんば、送って行ってしまったの。

皆は今度は、男の子が生まれると思って、楽しみにしていたと思うよ。わしは、女の子

左から　ミネ・おっかちゃん・松太郎アチャボ・イト

でも男の子でも良いって思ってたの。

三人目も女の子だったたって、だれかが話しているのを、イト叔母のとこの松太郎アチャボ（お父さん）が聞いて「何いってるんだ、お前たち、女三人いたらな、どんな力でも出せるんだぜ。お前たちわからないのか。あの火鉢の三本足のように、女三人でこうやって手を組んだら、どんなことでも勝ち抜くんだ」っていってな。たいした評判になったって後で聞いて嬉しかったよ。あまりものをいわないアチャボだったけど、頭の良い人だったなぁー。

父さんは、男の子を期待していたので、きっとがっかりしたんだと思うよ。しばらく家さ入らなかったもの。それでも、産後の三週間、父さんに二人の子のときと同じく、よくめんどう見てもらったわ。田んぼの水回りに行くってば、ひとりおんぶって、ひとり手つないでね。だから近所の人にたまげられるくらいの、人一倍子煩悩だったね。夜寝る時には、両脇に恵子とみどりを抱えて川の字になって寝るんだ。

悦子が生まれた年に子牛が生まれてね。毎朝四、五時に起きて乳絞って、六時半までに牛乳を出荷するの。それからご飯仕度して、出面取りの仕事に行く。帰ってきてから今度暗くなるまで、自分の家の畑仕事してな。それでも何も辛いと思わなかった。

男の子が生まれた！

一九五五（昭和三十）年の年は、ほんとうに大変な年だったの。春先の田んぼや、畑まきの準備や、牛の乳しぼり、女の子三人の世話と、猫の手も借りたいと思った。

そしてまた、この年の始めに新しく家を建てることになって、奥のほうにいる知り合いの人が廃材をくれるというので、ババが乗り気でね。四月に家を建てることに決めてしまったの。その頃は天気が悪くて雨ばっかり続いていてね。

四月五日に、イト叔母のもらい娘のスズが病気で死んでな。四月七日葬式終わってまもなく松太郎アチャボが、農協さ用足しに行った帰りに倒れてそのまま死んでしまったの。今度、アチャボの葬式して、悲しむまもなく四月の十三日に、イト叔母が亡くなったの。驚くことに、ひと月の間に一軒の家で三回も葬式したんだよ。わしもその頃四人目を身籠っていたから、大きな腹かかえてほんとうに大変だったんだ。

イト叔母のところの不幸があったりしたので、家は骨組だけで、秋までそのままだったの。したから、四人目の長男を産んだときは、まだ仮の家だったのね。七月になってから、天気が悪い日ばかり続いていて日高・胆振《いぶり》地方に大雨警報が出て心配していたんだけど、七月四日、元浦川の堤防が決壊してな。家の裏手のほう一面に大海原になって、みるみる水かさが増えて、馬や牛の餌にするために保存してあった牧草のかたまりが、プカプカ流されていくの。おっかなかったよ。後で聞いた話だけど、静内のほうでは死んだ人もいて、大した被害だったようだ。

女の子が三人できて、その後男の子が生まれなかったら、もらいっ子までするかって話がババたちの間で出ていた。わしの次の子がもう生まれるってとき、ババの妹のミネ叔母と父さんのけんかが始まった。

いやぁ、すごい物語なんだ。ミネ叔母は色んなことに口出しする人で、気が強かった。父さんは普段は口出ししないで黙っている人だった。黙っているけどおっかないんだ。三人も死んで、大雨降って、田んぼも畑も遅れに遅れているのに、ミネ叔母は茶碗ひとつ洗ってくれるでもない、掃除もしてくれない、畦草ひとつ刈ってくれるでもない。口は偉そうなことばかりで、父さんはその日は我慢できなかったのか、怒り出したの。ミネ叔母に、ブタのえさ用に炊いた大きな鍋をぶっかけようとしたり、しまいには走っていって、しょんべたご（肥料用に小便を入れた八升樽）をとってかけようとしたりしたんで、わしは飛んでいって「何するんだ、やめれー!」って大きな声を出して父さんを止めたの。

そうしたら我に返ったんだか、びっくりした顔したの。それからぶっ飛んでいって、自分が乗ってきた自転車、魚売りをやっていた人の運搬車に使うために買った自転車を、うーんと持ち上げて投げて。それを二回やったんだよ。

そしたら今度はミネ叔母が「ああ、あったらもの、こったらもの、そったらもの!」といいながら、わたしのところに来て、こそっと「風呂わかしているから、入れ」って。それで風呂に入ったんだけど、そのときは頭洗わなかった。

翌日になったら、ミネ叔母も、父さんも、みんな怒ったような顔で、ふくれあんこしてた。父さんが「産婆さんを呼んでくるか」っていったので、「やめて、産婆さんも何もいらないから、わし、鶏小屋で産むんだから」っていった。

ちょうどその頃、うちを建てることになって、仮住まいの物置小屋に住んでいたの。棚をこしらえてベッドみたいにして、そんなせまいところに寝てお産するわけにいかないから、糞のにおいがしても、わしは鶏小屋のほうがいいっていったの。父さんが器用だったから。鳥小屋には半紙版の大きさのガラス、古い家の窓を六枚付けた戸を二つくっつけて、明るくなるようにしてあった。「生まれるときは、お湯沸かしておいてよ」っていって

左から　みどり・長寿・悦子・恵子

「うん、（生まれたら壁を）叩くからね」っていって、ひとりで寝ていた。

朝の四時頃、夏だもんだから明るくなって、したらほんとの痛みがきて、生まれた。「生まれた、生まれたあ！」って壁叩いたら、「おう」って声を聞いたっきり。どうしたんだべ、なんで走ってこないんだべ、って思っていたら、しばらくしてミネ叔母が、「大丈夫か、大丈夫か、サキー、大丈夫か！」って戸を開けた。「うーん、元気な男の子だ！」っていって。「何だ、何だ」ってババの後から父さんの声がして、「おお、男か男か！」っていって、そして二人は仲良くなった。

父さんにしてみたら、「あったらもの、明日になったらこっぱにしてやるから」っていってたのに、そしてミネ叔母も「あったらもの、警察に訴えてやるから」っていって、二人でそんなふうに思っていたのが、そのときにいっぺんに仲良くなったの。

後になって、「父さんがすぐに来なかったのはどうしたんだ?」って聞いたら、うちのババは、チエおばさんの家さ行って泊まってた。そのチエおばさんの家の隣でミネ叔母は寝ていて、「いつ声がかかるべ、いつかかるべ」って、気にしていたんだと。それで、父さんはチエおばさんのところに、生まれたことを教えに行ったんだって。それを聞いてミネ叔母ぶっ飛んできて、うちのババやら、チエおばが来る前に来て「ちゃんと男の子だ」って。それで仲直りしたんだ。

それなのに。こんどはわしが馬鹿なまねやって、生血の道が走った(精神が不安定になった)らしいんだ。産む前に風呂さ入ったとき、頭洗わなかったからね。その頃はしらみがいて、産んで三日目に「こういう鏡台持ってきてけれ」って頼んで。その鏡を置いて、鏡を見ながら、手で髪の毛を分けて、しらみ探しをしていた。そしたら、目がクルクル、クルクルってなって、それきりわからなくなった。

翌日になったら、ちゃんと浴衣みたいなの着て寝ていたんだ。「どうしたの?」っていったら、わかんなくなって倒れたらしい。医者を呼んだらしいけど、汗が出て、汗が出て、ミネ叔母は、わしが着ていたものを、ひと晩中とっかえひっかえしていたんだって。

お産の後は、ハチマキしてじっと休んでいなければならないのに、しらみ取るのに髪の毛分けてとかしているうちに、気を失ってしまった。子どもを産んだ後、落ち着くまでは、頭洗ったり、風呂入ったり、鏡で一点を見つめたりしてはだめなんだよ。頭の中を血が走って歩くから。おかしくなる人もいるんだからね。

これが長男、長寿が生まれたときの話なんだ。

子どもの通う学校へ、子どもは力

四人目の子が生まれたときには、長女はもう学校へ行く年になった。わしが、いじめられた野深尋常小学校に自分の子どもを連れていったときに、先生から「参観日でなくても良いから、子どもの様子を見にきてくださいね」といわれたの。それで野深さ用を足しに行った帰り、学校の前を通ったときなど参観日でないときに、正直に、ほんとうに学校に行ったの。廊下を歩いていったら、廊下の半紙版のガラスから教室が見えて、長女が見えて、皆がジローって見ていた。

恥ずかしいんだけども、まず、自分の子ども見たいなと思って、戸を開けたら一斉に後ろに振り向いてな。自分の子ども見たら鼻べローンと垂れて、それもまた可愛いの。先生から「どうぞ腰かけてください」といわれて、じっと授業が終わるまでいたの。授業が終わって休みの時間になると、生徒皆運動場にどやどや走っていった。先生が「ご苦労様でした」といってきたときに、わしは先生に、昔、姉茶に土人学校があって、和人の人たちが、土人学校といってたんだけども、姉茶から野深尋常小学校に来たときからいじめられたことを初めて涙ながらに手振り身振りで一生懸命話したんだ。先生は「ああ、そうでしたか、そうでしたか」ってな。ちゃんと話聞いてくれて。そのときからなのよ、わしが生きるっていう強い気持ちを持ったのは。

だから、子どものおかげで、わしは生きれる力を持ち、話せる力を持ったんだよ。子どもって素晴らしいよ。ほんとうは和人の人が憎らしくて、悪い言葉だけど、恨んでいたけど、和人の人と結婚して子ども作っていただいた。我が子というものができて、わしはおっかちゃんに聞かなければいいのに、つい、わしとこの子とどっちが可愛いってね。したら、「お前なんか生まれたとき、犬のこっこ生まれたかと思ったぐらいだもの。この子は神さまの子なんだ、神様からの授かりものだから、こんなにめんこくて可愛くて」。ああ、聞かなければよかったなって思ったけど、でもわしが産んだんだって、わしの子なんだって、ほんとうに可愛いんだって。自分の子どもを産んでから、わしはほんとうに生まれ変わった、生きる喜びをもらったと思う。

次男・三男が生まれた

一九五八（昭和三十三）年五月十日、夜が明ける頃、次男、丈人が生まれた。前の晩から痛みがきていたので、ババと打ち合わせていつ産まれても良いように、ストーブにお湯を沸かしておいた。産んだときはババが赤ちゃんを取り上げてくれた。臍の緒はわし自分で切ったの。ひざの間さ赤ちゃんおいて臍の緒をしごいてね、指三本当てた下からしばって切るの。

ババは、火の傍にいて、子どもたちのごはんの仕度やらめんどう見てるから、火のカムイに悪いので産婦のことには、余り手をかけられなかった。アイヌはそういうことにはうるさかったんだ。臍の緒切る人はご飯炊きできないことになってるの。昔から子ども産んだら、火の傍によれない。太陽さんにも申し訳ないという。そういうしきたりは厳しかったね。

ババに世話してもらって産後二週間養生していたけれど、田んぼのことが気になってな。十五日目で起きて、ババに気づかれないように隠れて田んぼさ入って、稲を植えるための筋切りしたの。それから子どもらに手伝ってもらって田植したんだ。子どもらは裸足で泥の中に入るもんだから、ワイワイ喜んでやってくれて大助かりだった。

三男の長喜が生まれる予定日の前の日に、建前があってモチまきがあって拾いに行ったの。大きなお腹かかえているのでかがむことができなくてね。前かけを広げていたら、何と、角モチが飛んできて前かけの中に入ったのさ。びっくりするやら、嬉しいやらで喜びいさんで家さ帰って。

小豆炊いてあったので、子どもらの拾ったモチと合せておしるこにし、どこから来たのか泊めてくれっていうルンペンのおじさんがきていて、皆で腹いっぱい食べたね。今日生まれるか明日生まれるかという話しているもんだからそのおじさん、目まんまるにしてびっくりして、あくる朝早くに出ていったわ。

いつ生まれても良いようストーブの上にお湯をいっぱい沸かしておいたの。長喜が生まれたのは明け方だった。赤ちゃんはババが産湯つかってくれて、ヘソの緒はわしが自分で切ったの。ヘソの緒から指三本置いたところから切って、ちゃんとした。

がむしゃらに働く日々

この頃はほんと食べざかりの子どもかかえて、農協に米をなんぼ出しても足りない。味噌や醤油、食料品を農協からツケで借りるもんだから借金が埋まらない。秋になって、借金のかたに、二人の保証人がいるわけさ。二人保証人いなかったら農協では貸してくれない。

保証人見つけるのにあっちの親方、こっちの親方と夜頼みに歩いてな。二人の保証人見つけるのは容易なもんでなかった。父さんは、田んぼの仕事終ると、山さ働きに行ってしまうから、そういう金の工面やら何やら頼みに歩くのはわしの仕事だった。

父さんは、また、山子の仕事で使う道具が大事だってことで、立派なノコ、ツケで買うから、金もらうとき差し引かれて、なんぼも入らないの。一番困ったのは、働きに行っているところの親方が、金払う頃になると、トンズラしていなくなってしまって、何もお金がもらえないこともあってな。ほんとうにやりくりが大変だったよ。子どもが次々と学校さ行くようになって、長女が中学、次女、三女、長男と四人学校さ行ってる。こういう状態が何年も続いたんだ。

でもな、捨てる神あれば、拾う神あり、ってな。昔、戦争当時のゆるくない時代の話だけどね。うちのババやイト叔母が傭《やと》いに行って使われていた頃、そこの親方の別家の家で、何らかの事情があったらしく、男の子を育ててくれないべかっていわれてね。イト叔母がもらって育てたの。アイヌは昔から赤ちゃんは神さまからの授かりものとして、自分の子でももらい子でも分け隔てしなかったからね。だから、開拓に来た人の中にも子ども育てられなくなってアイヌさくれた人は、この姉茶でもいっぱいいるよ。うちのババやイト叔母は、若い頃から傭いに行って真面目に働いていたから、信用あったんだと思うよ。そこの親方が保証人になってくれて、もうひとりも紹介してくれたんだ。ほんとに人間、真面目に正直にしていれば、ちゃんとカムイが見ててくれて何とか助けてくれるものだ。信用が大事だってことだね。

三十三歳　女の厄年

六人目の子どもができたってわかったとき（一九六〇年）、産むことを皆に反対されたの。特にうちのババは昔からの言い伝えを大事にする人だったので、大反対だったわ。十九歳と三十三歳の女の一番の大厄のとき子どもを産んだら、親か子のどっちかがあぶないからということだった。わしがどうしても産むということになって、災いを軽くするには生まれた子をだれかほしい人にくれてやるのがいい。ババは、生まれてくる子のもらい先をもう決めてしまってきたの。

それからひともんちゃくあって、わしにその気がないということで、恰好だけでも、人に赤ちゃんをくれてやったということにして、村の上手の十文字になった道端に、一時的に赤ちゃんを置いてくるというまじないをしてね。

この頃は、ただでさえ、九人家族が食うのにいっぱいの生活で苦しいのに、いつもだれか来ては泊まっていくの。ババは人と話するのが好きな人だったからね。二、三日いたりして畑仕事手伝うふりしたりしてな。薬屋さんがひと晩泊めてくれだのっていってね。あきんどさんがよく来ていたからね。したから、食い物いくらあっても足りない。村に一軒ある寅さんの店からツケで買ったりしてたから、借金ばっかり増えるわけ。あるときどっから聞いてきたんだか目の見えないじいさんが来てな。まき割りするからアッチイまんま食わしてけれっていったりな。ほんとうにもう口のあるものは、片口でもいらないと思ったよ。

それを乗り越えてこられたのも、ババが子どもらを見てくれたから、わしも働きに行けたのよね。その頃は農家の仕事に出面取りに行くと一日七百円だった。朝から晩まで働いてね。あるとき、浜荻伏にいる知り合いの人に昆布採りを手伝ってくれっていわれてね。朝早くに自転車で浜さ行ってね。仕事は漁師さんが沖でとってきた昆布を船から運んで、一本一本浜に干すの。お昼まで仕事して千円だったの。わしもな、すっかり驚いたよ。農家の出面は一日働いて七百円だ。浜の仕事は半日で千円だ。今度、浜から急いで帰ってから、午後からは牧場の仕事さ行ったりしてな。そういうゆるくない時代。その時代、今思えばな、わしにしたら、やっぱり歌に慰められたの。なんの歌でもいいの。童謡でも民謡でも流行歌でも、何か思い出してくるとそれを口ずさんでね。「歌は世につれ、世は歌につれ」ってね。だれが何ていってもいいから、「幸せだなー」って思えば「幸せは、歩いてこない、だから歩いてゆくんだね。一日一歩三日で三歩、三歩歩いて二歩さがる」ってね。

そういうふうに歌に続く。歌うことで心が癒された。

悲しい出来事

一九六五（昭和四十）年、九月二十五日、わしはその日、隣の花ちゃんと静内にある八代竜神さんのところに行っていたの。そこは、何でも良く当ると評判だったので、わしは、家のことで心配なことがあったし、花ちゃんもまた、農業か馬をやるかで悩んでいたので、占ってもらおうと思ってね。

先客が何人かいて、やっとわしらの順番がきて、みてもらっているときだった。何か外が騒がしいなと思っていたら、わしらの後に順番待ちしている人が「もしや遠山サキさんでないの」っていうの。拡声器で、姉茶の遠山サキさんの子どもさんが事故にあって日赤病院に行ってるから、至急戻るようにっていってるって。「えっ！」っていいながら耳を澄ましたら、確かに拡声器の声が聞こえた。どうやってそこを出たかわからない。それから走って走って静内駅まで走って、汽車に乗って浦河まで行った。浦河の駅から、そこから病院まで三、四キロあるんだろうか。気も動転しながら、とにかく走っていった。

転がるように病院の中さ入ったら、病院の玄関に花ちゃんの父親の松田のじじが立っていて、わしを見るなり泣いたの。それを見てわし体中の力が抜けて、震えながら病室さ入ったら、目以外、頭から手足まで包帯で巻かれた長喜がいた。二日目になっても高熱が続き意識が戻らない。病院の医者に「もうだめだ。全力を尽くしたけど諦めてくれ」といわれた。長喜は五歳だった。

今でもあのときのこと思うと気が変になるくらいだ。そのうちに、ミネ叔母やら、従妹のユリやら、知り合いの人たちが集まってきてね。皆手を合わせるの。

長喜の事故は、家と道路をはさんだ裏に三好さんの分場があって、馬の世話に通ってくる牧夫のあんちゃんのバイクに長喜が飛び出して事故にあった。三好さんの奥さんが自分の子どもを事故で亡くした経験から、ダメで元々だから氷で冷やしましょうということで、魚屋さんから大きな氷を買ってきてもらって、頭から足まで、冷やして冷やして助かったの。熱が下がったらみるみるうちに元気になって、医者も周りの人も驚く程の回復ぶりだった。あのときは、ほんとに生きていてくれるだけで何もいうことはない、有難いと思ったよ。

日赤病院には一年くらい入院していた。退院しても事故の後遺症で頭痛みしてな。発作が来ると頭抱えて苦しがるんだ。そのたびにおぶって自転車で山二つ越えた浦河にある日赤病院まで走るんだ。札幌の医大病院に紹介されて札幌さも通った。お金の工面もそうだけど、家にいる子どものこと、田畑のこと、生きることにもう無我夢中だったね。

金のなる木がほしい

三女の悦子と長男長寿が中学生、次男丈人と三男長喜が小学校と、四人が学校行ってる頃は、食べざかり育ちざかりで一日に三升炊いても足りないくらいだった。それより何より困ったのは、朝になると、母さん五百円頂戴、私も、俺も千円頂戴っていうわけよ。修学旅行の積立だの、何だのかんだのって、ひとりがいうと我も我もっていうからね。なして昨日のうちに言わないんだって大声張り上げて怒るんだ。家に金のなる木があるわけでないんだよ、って大声張り上げてみたり、あるときは金が天から降ってこないんだっていってみたり。

その頃は三男の長喜が交通事故の後遺症でもって頭病みしたり、鼻血をブアーッて出したり、時々発作起すのよ。浦河の病院で間に合わなくて、札幌医大に通ったりで、ほんとうに火の車だった。そういうお金がかかるときに限って、父さんが働いているところの親方が、とんずらして逃げてしまって、働いた分のお金がもらえなかったり、そんときが一番辛かったよ。あっちの支払い、こっちの支払いがあるのに、もう当てにしてるからやり繰りが大変だったの。もうどっからも借りる当てもなくなって八方ふさがりになってしま

左から　恵子・みどり・悦子・おっかちゃん・長寿・サキ

ったとき、一回だけ、大声あげてワアーッって泣いたこともあった。

あるとき、隣の人がサキちゃんちょっと来いって、立っていないで来いって大きな声でいうから仕方なしに行ったら、サキちゃん顔色、恰好おかしいからって。何でそういうふうに歩いているかわかるんだといわれ、人間というものは、色々なことがあるんだから、苦労はしてもサキちゃんはまだ良いほうなんだからってな。ちゃんと何でも話聞くから、何でも教えるからって慰めてくれてな。相談にのってくれたの。金の工面やなんだで農協や役場に行くときでも「サキちゃん、法律にも表裏あるんだよ」って色々教えてもらって勉強になったよ。

支庁に行くにしても、字が解らないほど情けないことはない。サキちゃん、口があるんだからわからないときは聞けば良いんだって、聞くことによってすべて物がわかってくるんだからって。したから、隣との付き合いでもわしは学んだの。

隣の桑田さんは、わしが物心ついたときからそこに居た。おばさんのキヌさんは優しい人でな。うちのババと同じくらいの年の人であったのかな。わしが生まれたときも、育てのおっかちゃんであるババと二人でマメニを採りに前の山さ行ったりして親しくしてたね。

おばさんはわしのことを「サキちゃん」って呼ぶの。うちのおっかちゃんは、「サキーッいつまで立っているんだ」って物ぶつけたり、立っていられないくらい叩くこともあったけどね。いいかげん娘になってからだけど、あるとき隣のおばさんが、「サキちゃん、あのね。人と話していても喧嘩させるようなことはいうんでないよ。誰々に聞いたとか、人の名前を言ってはダメだよ」って教えてくれてね。わしは今でもそのことを忘れないで守っているの。そのとおりだもの。だから娘たちにもいって聞かせてる。キヌさんの息子、逢夫さんは、わしのあんちゃんと同い年なんだけど、病気のため寝たきりでいてね。昼間は寝ている部屋の戸をガランと開けて、鏡でもって外から歩く人でも何でも見ているか、難しい本を読んでいたね。とても頭の良い人だった。あるとき逢夫さんがこんなこと言ってた。「俺が元気だったら、この辺の土地はだいたい自分のものになってただろうな」って。病気で寝たきりでなかったら、こうして教えてもらえなかったかも知れない。

シャモではあるけど、隣との付き合いによって、わしは学ばせてもらって、お陰で今のわしがあるんだから、有難いなぁって思ってるの。今生きていればな、話がしたい、これくらいになったんだよ、っていいたい。

馬の話

一九五二（昭和二十七）年頃の話だ。わしが馬に乗ることを覚えたのは、二女のみどりを産んでからだったな。それまでは、何処さ行くにも歩いてばっかりだったんだ。忘れもしない、あの日、野深のかっちゃんの家さ馬で用足しに行ったときのこと。でかけるときは良い天気だったのに、帰る頃には段々と曇ってきてな。奥の伏木田さんの裏の川を渡った途端にピカッと稲妻が走って、あっという間に大っきい音と共に雨は降るわ、ゴロゴロドーンって、どっかさカミナリさんが落ちた音がした。その瞬間に乗ってた馬が驚いてなぁ。その場で、二、三回くるくるって回ったの。わしは、これはタダ事でないと思って、すぐに馬から降りてな。オヨオヨとなだめながら、馬の顔をこう引き寄せてわしの顔をくっつけてな。「おっかないなぁ、おっかないなぁ」ってわしも泣きながら、顔をなでながらしばらくそうしていたら、段々と落ち着いてきたの。

雨はさっきよりは大分おさまったけど、まだ降り続いているしな。ズブ濡れだったたから歩くより馬に乗ったほうがだんぜん早い。何処か馬に乗れるような、高いところがあれば良いがと探しているうちに、やっと、高いところ見つけてな。馬を引っ張っていって乗ろうとすると、一寸だけ動いて、足場から離れてしまうの。あれぇ、どうしようと思いながら、馬をなだめ、なだめしていたら乗せてくれたの。馬といっしょに泣いたんだもの。ありがとうといいながら家さ帰ったんだ。それからもう一回、死ぬくらいおっかない目にあったことがあるんだ。

あれは秋だったな。シロイトの知り合いのところさ網にかかった魚はずしを手伝いに行ったときのことだった。シロイトのことをアイヌ語ではシレトというんだ。今は浜東栄になってるけどな。チピヤニっていうのは、港に舟が上ってきたら、魚を網からはずすのを手伝うこと。そして良い魚を市場に出すものと出さないものと、ちゃんと区別つけて選別してから、手伝いに来た人にも、これだけってひと山ふた山に分けてくれる。わしはそれをもらって馬さ積んで帰ってきて子どもたちに煮たり焼いたりして腹いっぱいおやつ代わりに食べさせるんだ。子どもらに食べ物に不自由させたくないからね。

チピヤニ終って、魚いっぱいもらって、ピシンコタンまで来たら、丁度、汽車が陸橋渡るのに、ブアーンって警笛鳴らしたの。とたんにその音に馬が驚いてなあ。あっという間に、魚が入った籠もろとも振り落とされて地面にたたきつけられた。そのまま気失ってしまって、大騒ぎになった。馬は大きな物音に驚くものなんだよな。

泣いたよ。親子の別れ、仔馬との別れのとき。あのときは、悦子ばおんぶって、親馬さ乗って仔馬を連れて、浦河の駅まで行ったときのことだ。仔馬を売るためにね。駅に着いて、仔馬を引き渡し、いよいよ台車に乗せるときだった。それまでおとなしかった親馬がエーエーって鳴いてなぁ。子っこは子っこで、エーッエーッって鳴いてなぁ。親子の別れ、人間も馬も同じだ。わしも胸がつぶれそうになっていっしょに泣いたよ。

父さんのこと

父さんは一九二七（昭和二）年に北見市で父親五十嵐、母親ひさとの間に生まれた。父親の五十嵐さんは、父さんを長男として戸籍に入れたそうな。五十嵐長治という名前をつけてね。ある日のこと、夫婦喧嘩をして、次の日プイと家を出ていったきり帰ってこなかった。それから母親は父さんを連れて、あっちこっち流れ流れて浦河の荻伏に来て再婚したが、色々な事情で、父さんは養子に出されることになった。父さんかぞえの五歳のときだから、今でいえば四歳だ。わしも同じかぞえの五歳でもらわれたからな。

はじめは東静内にいる丹野ウメさんというアイヌのおばあさんの息子夫婦が歌笛に住んでいて、子どもに恵まれなかったので養子にしたんだと。いいかげん六、七歳にでもなっていても父さんはよく寝しょんべんたれたんだと。だからよくおしおきで、そのフトンしょって歌笛の村じゅう歩かされたって。また、悪いことすると浮き上がらないように石を体にしばりつけて川に投げ込まれたんだって。

そうやって暮らしているうち、育ての父親が結核で亡くなって、養母のスミさんが再婚したんだけど、父さんはその新しい養父になじめなくて、たびたび家出してはどこかの小屋で寝たり、お腹がすけば畑の大根かじったりしているうち、丹野ウメさんに引き取られた。愛情かけてもらったから良かったなと思うよ。ウメさんは優しい人で父さんを可愛がってくれたって。十二、三歳くらいまでは子守奉公したり飯場のご飯炊きしたりして、いいかげん若者になってからは、夏は海さ漁に行ったり、冬は、山奥に入って木を切る仕事をしたそうなの。知床の羅臼《らうす》にも行って、網やったり、ご飯炊きしたって。あるとき、三角の仮小屋建てて中で炉から火をおこそうとして、フーッフーって息吹きかけていたら、いきなり竜巻が来て屋根ごと小屋が吹っ飛んでしまって、いっしょにいたじいさんも巻き上げられたんだって。父さんは、火おこして地面にはいつくばっていたから助かったそうなの。

一九八九（平成元）年、九月二十九日、朝から良い天気だった。わしは家の前にムシロを広げて、カンピョウを作るために、夕顔の皮むきをやっていたの。父さんは稲をかける稲架《はさ》を作るために丸太をトラクターに積んで、悦子の家の近くにある田んぼに運んでいたの。何時になるかなと思って時計見たら十一時半だった。昼の仕度に立ち上がったときに、孫の多栄子が「バァちゃんバァちゃん早く来てえ、じいちゃん蜂に刺されたぁ」って叫びながら走ってきた。「蜂に刺されたって！」といいながら、何だか嫌な胸騒ぎを覚えながら、とにかく走った。悦子の家までは百メートルくらいだったが、もう無我夢中で走って走って行ってみたら、父さんは悦子の家のベランダに横になっていて、もう顔色がない。あれえあれえ父さん、父さん、しっかりしてといいながら、父さんの顔をペタペタたたいたけど、もう父さんは意識がない。

騒ぎを聞いてとなりの花ちゃんが走ってきた。ちょうどそのとき、長寿が仕事先の浦河から昼ごはん食べに帰ってきて悦子の家の後を通りかかり、様子がおかしいのに気づき車を止めて走ってきた。

そうしてる間にも氷で冷やしたり、「父さん父さんしっかりせぇ、父さん！」ってな。そのうちに救急車が来て、荻伏市街にある正木医院に走った。救急車が着くと、もう医者が外で待っていて、すぐに父さんの目を見て、脈を見てから手を合わせたの。わしは、嘘だ、嘘だ、そんな馬鹿な、いやだァいやだァって日赤さ行くう、日赤さ連れていってくれって泣き叫んだ。日赤は大きい病院だし機械もいっぱいあるから、助かるかも知れないって思ってね。でも救急車はそのまま姉茶の家に戻ってきた。ショック死だった。

わしは、父さんが亡くなってから、父さんの存在の大きさに気がついた。もうわしの傍に戻ってこないんだって思ったら、わしも、父さんのいるあの世に行きたい、死にたいってばかり思っていた。

日がたつにつれその思いは大きくなり、父さんあの世に行くのにひとりで心細いだろうに、かわいそうに、ちゃんと行けただろうかって。今まで空気のように思って気がつかなかったほんとうの心からの愛というものが、そのとき父さんに対して芽生えたんだ。

父さんが死んでから愛が芽生えたんだ、っていえば皆して笑うけどね。これはほんとうなんだよ。いつだったか父さんがね、仕事仲間の人にいっていたんだって。俺のババは、子どもをたくさん生んで、皆いい子に育ててくれたって。だからこれからはこの仕事をやめて、ババと二人で畑や田んぼをやりながら優雅に暮らすんだって。なのに蜂に刺されて死ぬなんて。

病院から姉茶さ戻って部屋に寝かせたとたんに警察が来て、わしさ質問するわけよ。子どもは何人いるかとか、生年月日を聞いたり、取り調べをするの。わしは父さんの側にいたいのに本当に辛いもどかしい思いだった。ひととおりのことが終って、何も考えられずにわしは放心したようになっているのに、子どもたちは久し振りに会って喜んでいて、今

度川さ行って両手に秋あじ一本ずつぶら下げてきてな。びっくりしてな。わしは開口一番「叩け、叩け！」といったんだ。その言葉が未だに語り草になっているけど、昔からアイヌはサケ捕ったらすぐに、頭を棒で叩くものなんだよ。長く苦しませずに神の国に送るためにな。

父さんはいつだったかこんなこともいってた。「ろうそくの明りふぅっと消してしまったら、それでおしまい。人の命は消えてしまうんだ」って。そのとおりになった。

第二章　家族を持って

第三章

日常の暮らし・アイヌの心

カムイイヨマンテ（熊の霊送り）の儀式

カムイホプニレ（カムイをカムイの国に帰す儀式）のときには、腹の大きい人はけっして行ってはいけないという決まりがあったの。解体しているときに、もし本人が妊娠していることを知らないで行った場合でも、カムイのキリポ（脂身）が小さくなってくるという。このアネサラコタン（姉茶のこと）は、狩猟する人が多かった。小さい子どもの頃から、そういう祭りは何回も行って見たりしていたし、野深までも行ったもんだよ。本式のカムイイヨオマンテ（注）見たのは、十六歳のときが最後だったね。この年から田んぼ作り始めたからね。

子熊は「タロ」と「ハナ」っていう名前でね。かわいいの。ちょうど犬っころと同じくらいの大きさでね。三つ、四つの人間の子どもとおなじよ。育ての親（人間）の足元でじゃれながら歩いていたのを見かけたわ。昔、姉茶の土人学校があったところの少し後ろに、大きなチキサニ（ハルニレまたはアカダモ）の木があって二頭でよくよじ登って遊んでいたよ。木登り大好きだからね。育ての親が迎えに来て、だれかと立ち話していれば、親の足やら指やらぺろぺろなめたり、おっぱい吸うみたくちゅうちゅう吸ったりしてね。

頭でっかちで、ぬいぐるみみたくめんこかったよ。

春、三月まで巣穴の中で母親のおっぱい吸ってたんだもの、母親恋しいんだよね。ずっともっと小さい頃は、道ばたのオオバコの葉っぱむしって差しのべてやったりしたもんだ。オオバコが大好きだったからね。

正月にイヨマンテ（送る儀式）した。アイヌの儀式はいやな思い出だ。いよいよ檻から出すときには、女たちは迎える歌を歌うんだ。そしてクルミや餅を撒くの。このときはポンカムイ（子熊）もわかってるのか、なかなか外に出ないの。わしはもう苦しくて胸が痛くなるので、その後のことは見てないの。

たくさんたくさん、おいしいものや土産持たせて、喜ばせて、また（命を）授かってこいよと、男も女も子どもたちも皆して歌って踊ってなぁ。カムイを送る大事な儀式なんだよな。「ウポポ」（座り歌）で、「カムイコタン（天の上にあるカムイの村）からカムイが降りてきたよ、ポンエペレ（子熊）を連れてきたよ」って喜ぶ気持ちを歌にするわけよ。「カムイシャマダ　ホイシャマダ　エペレシャマダ　ホイシャマダ」って、若い女の人やらフチ（おばあさん）やら皆でカムイ　エネウサラ（カムイと話をして慰める）するわけよ。男の人たちはカムイノミ（神への祈り）ば一生懸命してるの。女たちはカムイの赤ちゃんの子守歌を歌うの。
「アララッサオー　ホイヤホー　ホイヤッサオー　ホイヤオー」。
フチたちにすれば、こうやってカムイとともにありがたいな、嬉しいなって心からして涙がにじんできて涙ふきふき歌うの。

わし、物心ついた頃からカムイイヨマンテ見ているわけね。タロとハナを送るときに、初めて「ああそうか、あのときフチがたが、エネウサㇻ（互いに交流）して、嬉しいかなしいいろいろ考えればこそ、そういうふうにいうんだな」って、自分がわかってきたし、体験して初めてわかったの。今になって「ああ、これは貴重なもんだ」と。昔は誰ひとり教えてくれないし。

人が死んだら（お悔みに）連れていかれた。昔は人死んだら、箱に入れないで、キナ（ござ）で包んだ。して、昔は草のヨシの家だから、ヨシの家をわざわざ時間をかけてほぐして、そこから仏さんを出して土葬で埋めたの。入り口から出さないの。そういう風にだれかが亡くなったらライチㇱカㇽっていって（泣き役が）いっしょに泣いてあげるの。そして、一年経ったら一年忌、二年経ったら三年忌っていってな、イチャルパという供養

カムイノミ

祭をするの。

タロとハナをまだ家の中で育てている頃、ある日、家の者が仕事に行ってるときにシントコ（漆塗りの器）にアンカラベ（濁酒）作ってあったのを飲んだらしく、酔っ払って大の字になって寝てたんだと。きっといい匂いするから、シントコひっくり返して舐めたんだよね。春あたりは、外歩いて遊んでたけど、夏にはもう檻に入って、その頃、わしは田んぼやって忙しくしてたので、青草やらオオバコの葉っぱ持っていってやれなかった。

カムイの頭の毛をきれいに剥いで骨だけにして、股木になった木の間に、カムイキケ（削り掛け）をたくさん作って、きれいにク

イヨマンテの儀式（サキ十六歳のとき）　中央に二頭の熊

マの頭の形を作ってから、十文字になった真ん中は頭。そしてチカラカラペ（刺繍の入った袷の着物）でもいいし、女のクマだったら首飾りのタマサイ（玉飾り）を胸にかけて、男だったらサクリって着物着せて刀を下げるわけよ。そしてこれを跳ねらせるの。重いのよ、この木だけでも。跳ねらせるの上手な人はすごい。こうやっていかにも（クマたちが）喜んでいるようにすると、こんどはこっちのフチたちが「ハンロー　ウッサ　ハンロー」ってウコウク（輪唱）が始まるの。すると男は男で言葉をアイヌ語でいってる。（命を）授かってよかったんだから、今このようにご馳走たくさん持たせてイヨマンテやってるのだよ、ということなの。

フチたちがあっち側とこっち側にいて歌いながら踊るの。それが子どもも心にすばらしい。本当にクマのコタン（村）に来たんでないかと不思議な思いで何回もそういうの見せてもらっていたからね。

それからカムイに持たせる団子、丸い団子でなく、下が尖がっているものを串にいくつだか刺して、それにいろんな干し魚持たせてな。そして、皆エネウサラ（よもやま話）したり、踊ったり歌ったりして、いよいよ送るときになったら、ロルンプヤラ（神々が出入りする窓）から外に出して、「ヌサ（祭壇）、カムイヌサ」って、たくさんカムイの頭並んで祀ってあるところから、「今度、向こうに帰るんだよ」って、姿を向こうに向けてしまうのね。「フッタクナーホーオーウ、フッタクナーホーウー」って。フッタクというのは笹のこと、マラットというのは、ご馳走のこと。団子や魚やらを笹をたくさん被せて、背負い縄で縛って荷物こしらえて背中に背負わせて、そうやって笹わら越えて、「今コタン（神の村）に帰るんだって、また授かってこいよ」ってフチたちが涙こぼしこぼし、そういうふうにカムイ送りやるのね。そして家に入ってから、カムイを今カムイのコタンに送ったよ。今帰っていったっていうカムイノミするの。

カムイのマラット（肉）はリチヒ（細くして天井から吊るし、炉で燻製にする）し、骨はダシにして、それさ団子に入れたり、野菜やら色々入れてね、そして「ダシに入ってる骨はちゃんと返しなさいよ、まとめてヌササン（祭壇）さ持っていって置かないと、後で骨が一本でも足りなかったら形にならない、いくら死んで魂がカムイコタンにあがっても、まだ物を大事にしてヌササンにあげておかないとダメだ」って、厳しかったからね。あとの肉は翌日になったらアイヌの家一軒一軒持ってまわるの。「カムイマラットだよ」って。カムイの肉だよっていわないの。「イヤイライケレー　イヤイライケレー（ありがとう）」って。そうやって皆は食べたもんなの。今は捕ってもカムイイヨマンテもしないし、勝手に肉でも骨でも皆バラバラにする。そういうことはちゃんと昔式に、ウタリ式にしてやらないから、アイヌもやっぱりうまくいかないのかなって思う。時代も変われば色々に変わっていくものかなって思う面もあるから、わしが勝手に想像してはいけないけどね。

姉茶のコタンは狩猟する人がたくさんいたから賑やかだったね。野深と姉茶ったら、川ひとつ越える。その頃は橋も無いから、こんなに深いところでも川越して、野深と姉茶を行き来したもんだ。あるとき、野深の親戚の家に行って泊まって帰るとき、キャベツやカボチャの葉っぱにくるんだ肉をもらったの。食べきれないので、うちに持って帰って親さやったこともある。

カムイ捕れたっていったら米集めて歩く。一軒一軒回って歩き、三升でも五升でも集まったら、今度は、ニスで撞くの。「いちにさん、いちにさん」って三人で撞くの。四人撞きもやるんだから。女の仕事なんだ。アイヌは臼っていわないでニスっていうんだ。それを大事にしないで粗末にしたらバチが当たって食べるものもろくに食べられなくなるかもしらん。

今は幸せ。食べるものは畑にもある。お金さえあればお店で買える。昔は店は姉茶村で二軒あった。米を集めて歩くのも、カムイの肉を配って歩くのも、女・子どもの役目だった。

（注）「カムイイヨマンテ」は、神の国からやってきて、この世で動物という形をとり、人間界を訪れにきた食料の神であるヒグマやフクロウなどの霊魂を、神の国に送り返す儀式のこと。

初冬から早春にかけての熊猟は穴籠りをしている成獣が対象とされた。中には穴の中に子熊がいっしょに入っている場合がある。そのときは、その子熊は決して射ずに、里に連れて帰り、コタンで大事に飼育し、一〜二年ほどしたのちに、その魂を先に送った親熊の住む、神の国に送り返す。その魂を、コタンまたは家に客人として招き入れ、手厚くもてなすのが流儀であった。

食のこと

春になったら一番先に掘るのがエハ豆（ヤブマメ）。土の中に小指の先位の小さい豆のこと。歌いながら「エーハ　エーハ　チャッチャリケ。コラチ　ネ　アリキ　ナ」って小さい鎌を曲げたような丈夫な木の棒で掘るんだ。意味は、「エハの神さま出ておいで、皆と連なって出ておいで」っていうの。昔あんまり米がないとき、稗やら粟やらといっしょに炊くと美味しいんだ。それから、プクサ（行者にんにく）も入れて。若い内は生で食べたりオハウに入れたり、おひたしにしたりして食べる。プイ（やちぶき・エゾノリュウキンカ）は葉っぱや茎もおいしいけど、いいかげん大きくなったら、根を掘ってきれいに洗ってから油で炒めて食べると澱粉質が多くてとってもうまいんだ。

そうそう、ウグイはまだ寒い三月頃、小川の氷の間にみんなでね、こう寄り固まっているんだよ。そういうところに網持って行って捕ってね。焼いてから一匹一匹柳の細い枝に刺して干しておくの。ウグイの焼干をダシにしたおつゆの中に山で採れたプイやオハウコプ（山菜）入れて炊いたらうまくてね。プクサキナ（二輪草）は茹でて干して保存して、冬の間食べたの。プクサキナは毒があるトリカブトに似ているから間違わないように気を付けなければあぶないんだ。絵笛《えぶえ》っていうところは、アイヌ語でエプイ。プイがたくさんあったんだ。

　お腹壊したっていったら、ちゃんと山の中でそういう薬草の草あるから、鍋さ入れて煮てその汁を飲むといい。また夏になって水飲みすぎてお腹下ったりしたらウバユリの一番粉を大事にとっておいて、お湯に溶かして飲むとすぐに治るの。ウバユリは七月に入ったら掘りに行く。ひとりでは決して行かない。三・四人で行くの。ウバユリの澱粉は大事にとっておいて、二番粉、三番粉はあるときには食べたりもするけど、カシカムイにとっておくもんなんだ、アイヌは。カシカムイってね、次に採れるまで保存しておくってことだ。春先はパッカイ（ふきのとう）やコロコニ（ふき）も採ったら茹でて干したり、塩漬けにしたり。五月になればピットク（はなうど）。セロリのような爽やかな香りでこれも保存食。冬の間は野菜が少ないからね。カボチャも干してラタシケプ（混ぜ煮）に入れて食べた。とうきみ（トウモロコシ）も冬の間中、ラタシケプに入れたりダンゴに混ぜて焼いて食べた。春先から夏にかけて菊イモ掘って大きな鍋で煮つめてアメをつくったこともある。

　秋になれば、舞茸やらボリボリやしめじだね。舞茸見つけたときはそこで踊りながら、

「カルシ カルシ ピリカ カムイ」（きのこ・きのこ・きれいな神）ってきのこを称える歌を歌いながら頂くの。

冬はストーブの上さ鍋かけて、サメの油やイルカやタラの油を取る。イルカの皮の部分はかじってても香ばしくてうまいんだ。

イルカ一貫めから油三升取れるの。イルカの油はクセがあってちょっと匂いするから、わしやババはあまり好まなかったけど、じっちゃは食べていた。わしらは主にタラの油取って食べていた。タラの肝臓からとる油は、クセがないからラタシケプに入れたりイモにつけたりとっても味が良い。

うちのばばは、体弱かったから、畑仕事はあんまりできない。いっしょに山ん中に入ってトゥレプ（ウバユリ）取りしたことあるよ。イマコトク（サイハイラン）抜いて土を落としてきれいにしてかじれば、歯さネバネバついておやつみたいにしてかじりながらいた。ハックリは蘭の一種の綺麗な花だ。ハックリは夏でも秋でもあって、それの根っこを掘っておやつに食べたもんだ。

それからぶどう蔓の芽を採ってかじると甘酸っぱくて美味しかった。それがおやつだった。で、ニオウってていう大葉花ウド（ピットク）の形をした、あれより小柄のものだ。ニオゥは今でも食わしたいな。それ何本も採って、皮むいてアムアムってかじって歩いたんだ。それもおやつ。甘酸っぱくて、香りがいくて、今でも山さ行きたいなって思うぐらいだ。アイヌは自然のものを採って食べるのがやり方だったんだ。山から川を流れてきて河原に生えているものもあったんだ。そこに根付いたやつを見つけたときの喜びったらな。アザミも昔は食べたことあるんだ。芋のお汁に入れて、塩汁でもおいしかったんだ。調味料に昆布焼いて入れるから。

それからイユタ（搗き物をすること）。ニスが臼。「エッサオーエッサオー、エッサオー」って、飽きないでかけあいをしてな。米はなかった。粟やら稗やらいなきびやらの、細い皮むいて煮て食べるまでっていったら、ほんとうに大変。女の人が食べることを全部やる。男の人は狩りに山に鉄砲持って行く。色々な分野があってな。

新しい年になったら、シャモは新年会というけれど。アイヌはアシㇼパカムイノミ（新しい年の祈り）をするんだ。カムイノミして、イチャㇽパしてこれから一年よろしく頼みますと祈るものだ。その次はハルエカムイノミ（供物を捧げて祈る）、秋になったらパセオンカムイノミ（位の高い神への祈り）、今年一年ありがとうございましたと感謝する。無縁仏のイチャルパは、杵臼、ソガベツ、姉茶と三か所に供物を分けてマラットサンケ（ご馳走の振舞い）をする。

（注）肉・魚・農作物など多くの食料はそのまま食べずに保存された。プクサキナ（ニリンソウ）のように、茎葉を保存する場合、適当な束にして縄で編むように縛り、軒下に吊るして天日乾燥させ、一年中の食料にした。熊の肉や鹿の肉も細かく裂き、天日乾燥させたり、ゆでてから乾燥させたりしたのち、煙干しをして燻製にする。季節季節のものを採取し、それを適切な方法で貯えておくというところに、アイヌの人々の食生活の基本があった。

日常の暮らし

サトシマク（サキの祖母）は、アイヌ語で話していた。入れ墨して。明治の終り頃だから。入れ墨は禁止されていて、札幌だとか、登別とかあちこちでしなくなっていたけれど。ここでは、警察のことナタというんだ。ナタくるかどうか見れ見れって番兵する人と入れ墨する人といて、鍋の底にガンビ（白樺の皮）の皮を焼いて、焼けた炭を少しづつカミソリで切って入れていく。口が腫れてもの食べられないときは、おかゆだけ飲んで一週間すごしたって聞いたよ。

そして十七、八になったら、ポンクッ（腰に巻く小帯）を作ってつけさせる。女になったって印だ。死ぬときつけるのはラウンクッ（注）。ここらへんは四本編みで四角い総をつける。静内から向こうのシュムンクル（西に住む人）の場合は八本編みだ。

その頃は、草屋根の家がふつうだった。壁はまさ木の板だったから、ヘニャヘニャ。わしの生まれたハポの家も板張りだったけれど、節穴があって、穴から家の中が見えた。

それから、春と秋の二回くらい、カムイノミしてから口にふくんだ水を、子どもに背を向けさせまき散らす。子どもらは「イヤダイヤダ」と逃げるんだけど、あれは魔がさしたら困るからお清めしているの。マボイ。魔を払う。高田のエカシを頼んだりしてね。地震が来たときなんかは、「笹取ってこい!」っていって、「神様、何それに使うから」って断ってから、いつも自分たちが使っている水をくんで、まき散らしてな。

あとはペヌプ。イケマっていうんだ。魔払いするもので、夜はペヌプ持って歩いて。子どもには乾かして穴開けて紐とおして、首からぶら下げさせておく。首の後ろに憑神様がいるからな。ペヌプは毒を持っているから、噛んでペッペッって飲み込まないように吐いたりね。

それから、ヨモギはカムイモシリ(神の国)に一番最初に生えた植物だから、採ってきて魔が取りつかないようにしたり、十能にストーブの熾を入れて持って歩いたりするのは、火の神様に守ってもらって歩くっていうこと。

火、鈎、鍋、炉……昔は厳しかった。鍋を置く場所も決まっていて、囲炉裏の木灰は家から東のほうを向いて一か所に置いて、それにも必ず毎年カムイノミするたびに酒をあげて、「ここは大事な場所だ」と。子どもたちが踏んづけたら、どーっと怒られてな。

それから、いいカムイばかりではないから。嘘をつくとそういうカムイが「もっとやれ」と勧めるからダメなんだ。刃物でも何でも、使ったものをそのままにしておくと、収まる処に収まらないで勝手に歩いたりするから、ちゃんと収めるものなんだとかね。戒めがあった。

通りすがりの人が来たら、水飲め、いや、お茶飲め、腹減っていないか、と聞くのがアイヌの口癖、心。しまいに村の人に、あそこの家さ行けば泊めてくれるといわれたからといって、毎年来た人もいたよ。ちょうどここはアイヌ部落の入り口だからね。

真ん中辺に住んでたアイヌは、皆、富岡さんに土地取られてしまった。姉茶でアイヌはいなくなったなぁ。わしはここで生まれて、安原さんで働きながら農業学んだから、今こうしている。仕事はきつかったが、辛いと思ったことはなかったよ。家にいるより働きに行くほうが楽しかったんだ。

わしの育ての親の鳥岸サトの妹イト叔母は、松太郎とのあいだに、子どもに恵まれなかった。そのことはよくある話で、アイヌの

ペヌプ

子でもシャモの子でも、子どもは神様からの授かりもの「カムイの子」と思っていたので、アイヌは分け隔てなく大事にするので、子どもをもらってくれといわれると、もらって育てたものだって。

イト叔母のところにはユリのほかに女の子が三人いて、あんちゃんが行って五人全員もらい子だったんだって。その後にもうひとり元浦河の橋のたもとにある近藤さんの別家の男の子を引き取って育てて、一人前にしたんだよ。

(注) ラウンクッ　女性の守り紐。長さは二尋半とされている。ツルウメモドキの皮の繊維を浦河では四本編み、静内から西では八本で編んである。腹回りに一巻きだけ捲くものとされる。

土人保護法について思ったこと

「アイヌはその日暮らしだ」って（和人が）いうのを聞いて、腹んばい悪くて悔しくて、「よーし、したら一人前になって自分の田んぼあるんだから田んぼを作る」って決心して、十五のときから安原さんのところで働いて、十六から一町五反の田んぼを作るようになった。

それがどうしてできたかというと、おとっちゃんが馬喰だから馬もいたし、田んぼ起しから、田んぼ掻きから、稲こなしから、五軒に一軒の割合で村が農機具一式を貸してくれていた。でも作るアイヌがいない。アイヌは農耕民族になれ、アイヌの言葉は使うな、アイヌプリ（アイヌの風習）するなっていったのに、今になってアイヌ語を覚えれなんて、それがいちばんアイヌをバカにしていると思って腹んばい悪いよ。悔しいよ。日本語も中途半端。

学校行けば、アイヌ、アイヌっていじめられて。そういうふうに差別があっていじめられてきた。「きたねえ、きたねえ」、といって肩のところに唾かけられた。運動場さ行っても遊ぶ相手はいなかった。

土でこしらわれて、それで魂入って人になったのかな……サルみたいになって動き出して。「土人」(注)っていう言葉は二十歳位の頃から聞いてたよ。政府はアイヌに学問教えると取り返されるから教えなかったんだってこともね。「アイヌ」っていうのは、アイヌ語でいったら「人間」って意味だから。「土人」っていわれたら腹んばい悪い。

内地から来た偉い人たちが、こっちからこっちはオラがと分けていったんだ。わしらは安原さんにだまされたのかも知れない。学問があって字書ける人たちは、良いところは自分のものに登記したんだと思うよ。

あるとき、近所のシャモやんとの話し声がするので外さ出てみたら、何やら計ってるらしい。区切りを決めるときもわしに黙ってやってたことがあるので、「どうしたの」って走っていって立入ってね。安原さんの実さんやら、ここら辺の偉いさんたちの間に入っていったんだ。今でも、何もわからないアイヌと思って勝手に何でも決めてしまうからね。もう一心不乱だったね。

(注)「北海道旧土人保護法」一八九九(明治三十二)年に制定された。「北海道旧土人」=「アイヌ」の保護を目的とした法律。アイヌの人たちを和人に同化させることを目的に、土地を付与して農業を奨励することをはじめ、医療、生活扶助、教育などの保護対策

を行うものであった。しかしその実、アイヌの共有だった土地を国有化し、農業のための土地を下げ渡し、日本語や和人風の習慣による教育を行うことで、アイヌ民族を和人に同化するためのものであった。アイヌの人々に新たに付与された土地は良好な土地が少なく、多くは、開墾できずに没収されたり、戦後の農地改革では他人に貸していた土地が強制買収されたりした。

一九三七年、アイヌ民族の誇りを求める運動が広がり、「旧土人保護法」は大幅な改定がなされた。農業だけでなく、漁業や家内工業に対する助成がなされることとなり、教育でもアイヌと和人の混合教育となった。しかし、アイヌに対する差別が色濃く続き、いじめを誘発するものとなった。

終戦後もこの法律は存続したが、アイヌ民族から初めての国会議員である萱野茂の登場によって国会で廃止提案され、一九九七年七月一日、「アイヌ文化の振興並びにアイヌの伝統等に関する知識の普及及び啓発に関する法律」が国会にて全会一致で可決。その施行に伴い廃止された。

交換分合のこと

一九六〇（昭和三十五）年、長喜が生まれた年に交換分合（注）があった。本当に今思えば、どこまでアイヌ パカ ネ カㇽ（アイヌを馬鹿に）すれば気が済むんだか、馬鹿にされているのも知らないでそれもらって喜んでいた。

土地が少し増えるからとか、まとまって良いでないかとかっていわれてな。こういうふうにアイヌだからだまされたなっていうこと。今まであまり考えないようにしていたけど、やっぱり思い出すと情けない。アイヌはだまされやすい。わしはだまされないぞって思って暮らしていたのにだまされてしまった。

昔、親たちが土地もらった頃は、ここら辺はヨシ原（葦原）だったって。だから姉茶って、アイヌ語でアネサラっていう葦原のことだ。今は堤防ができていいけど、昔は大水出たら一面水浸しになった。わしが育った頃は大きなランコ（桂）の木があって、あっちこっちに根っかんぶ（大きな根っこ）があった。それでも交換分合（注）する前は、今の三好さんの分場があるところ一帯は、遠山の先祖からの土地だった。わしの生まれた家もあったし、わしを育ててくれたおっかちゃんの家もあった。

交換分合で少しばかし土地が増えるからって今の場所になったけど、結局はあっちの方に三反、こっちのほうに三反。確かに、わしが十六のとき農業始めた頃よりは増えたけど、ずっと下っていった新田は田んぼに向かない土地だった。またもう一か所の三反は育ての親のおとっちゃんの名義になっている土地なんだけど、あるとき、印こ（印鑑）持ってきて、「サキ、この印こやるがらお前の名義にすれよ」といって水晶の印鑑くれたの。でも、名義にしないうちにその年の暮に亡くなってそのままなんだ。その土地は近くの大農場の桑田正一さんの田んぼと田んぼの間にはさまれるようにあるの。ある年わしが病気になって田んぼ休ませることになり、その三反を貸すことにしたの。秋になって穫れた米を三俵もらう条件でね。

ところが秋になって三俵持ってきたのは、なんと今年穫れたのではなく古い米だった。次の年も次の年もそうだったから、今度は、アイヌだと思って馬鹿にされてたまるかと思って返してもらって、そこは牧草地にした。

（注）分散したり入り組んでいる圃場の交換・合併・分割を行うことにより、圃場の集団化（団地化）をはかること。

ランコカムイのイレンカ（怒り）

わしが物心ついた頃には、家の裏のほうに大きなランコ（桂）の木の根っかんぶ（大きな根っこ）があってな。回りは田んぼや畑でそこを通ってちょっと行くと広場みたくなってるところの、ランコの根っかんぶの洞に、うちのババが竜神さんを祭っていたの。春と秋には必ずもの上げてカムイノミやらイチャルパ（供養）していた。そこはタンネカムイ（蛇の神様）の住家だったのね。白いタンネカムイがいたの。長喜が生まれた昭和三十五年に交換分合があって、そこは中の三好さんの土地になっていた。長喜が事故にあったときには、もうランコの根っかんぶはブルドーザーで整地されて跡形もなくなっていて、そこには立派な馬小屋が建てられていた。ランコの根っかんぶに対して何の言葉も挨拶もしなかったと思う。ババが祭っていた竜神さんは隣の村からエカシ（長老）を頼んで、ちゃんとカムイノミして納めてもらったので、それで良しと思っていた。そうだよな、良く考えてみれば遠山の先祖がこの地に住んだときから、ランコがあり、タンネカムイはそこで暮らしていたんだものな。この世に暮らしているもの、木や草や鳥でも動物でも虫でも、何でも人間と同じ心を持って生きていること思ったらな、この情けない思いを知ってもらおうと長喜の事故（第二章123頁）に繋がったのかも知れない。そういうふうには思いたくないけどね。今は、お陰様でわしの六人の子どもたち、誰一人欠けることなく元気に巣立ちしている。これは皆、カムイのお陰と日々感謝しているんだ。

（注）アイヌは、人間を取り巻く、動植物、人間が使う道具、自然災害などにはすべて「魂」（カムイ）が宿っていると考え、自然の至るところに、この世でのつとめを担った神が姿を変えて住んでいると考えていた。そして、人間が生きていくために必要な分の庇護を祈った。その一方で神に対して非礼な行いをした場合、祈りは届かず、反動が必ず人間に返ってくると考えた。

山で迷った話

四十二歳のとき（一九七〇年）。その日は、夢見がよくなかったんだ。朝、仏さんとこ行って線香三本立てて、「今日は友達といっしょにキノコ狩りに行くって約束してるから、無事に行ってこれるようにどうか見守ってください」って頼んで、数珠に線香の匂いをかがせてから首に下げて、弁当を持って出かけたの。したらマッチ持ってないなあって気づいて、途中でマッチ一個買って、ナイロンの袋さ入れて、首から下げて出かけたんだ。

仲間といっしょに車で一時間くらい行った、杵臼の奥の日高山脈のふもとで、グループに別れて山に入っていったの。今の野塚トンネルができてるあたり。

わしは鷲谷サトさんといっしょだった。鷲谷さんは、もともとは姉茶の人だったんだけど、家族で杵臼の奥の山に開拓に入っていて、山には詳しい人だったの。

途中で鷲谷さんから「昔、ここら辺に飯場があって、げんたさんという人が木の下敷きになって亡くなったんだ」って聞いたときは、ざわっとして、すぐにフキの葉をつんで柄杓のようにして、水を汲んであげたんだ。げんたさんは、ずっと水をあげてもらいたかったのかも知れない。

山でボリボリっていうキノコを採っていたら、三時頃から雨がポタンポタンと、降ってきて、今度は風の音が、ウォーン、ウォーンってうなるように聞こえてきた。わしらは、道に迷ってしまったんだ。どこもかしこも、干せるところがないくらいに体中が濡れて、首から雨がじょろじょろ、じょろじょろと入って、隠していたマッチも数珠も、何でも濡れてしまったわけ。九月の二十五日だったな。

「志満《しまん》の沢さ行ったら、生きて帰れない」っていわれていた山だった。はあ、困ったな、困ったな。体を乾かす場所はひとつもないし、ええ天気だから薄着してきたのに、こんなに天気が変わって寒くなって。もう寒いのと、おっかないのとで、ウェイウェイウェイ、エィエィエィ、ワワワワ、ウワワワワ、ってやりながら歩いているうちに、大きなトドマツがあった。しょうがないから、ここで今晩ひと晩泊めてもらおうってことになったの。必ずだれか迎えにくると思うから、それを力にして待っていようって。

その日のキノコ採りは、ボリボリがいっぱい。そのボリボリがあったかいの。ほっと、ほっと燃えてるの。それで、寒いから、ボリボリの袋を前で抱えて、ふたりの背中と背中を合わせて寝ると、体に無理がかからないっていうから、そうやるべやって。こう横になって、ボリボリ抱えて、鷲谷さんの前掛けを二人の上からかけて、そして寝ようとしたの。

わしは、拝んで、拝んで、拝んで、「木の神様、川の神様、沢の神様、草の神様、あらゆる神様、神々様、どうか助けてください、救ってください、お願いします。これでちゃんとうちに帰れなかったら困るから、どうか、神様がた見守って助けてください」っていって。それが終って、三十分……一時間もたって、カムイ（クマ）がでるかもしれないから立っていた。

鷲谷さんが、「すわーれ、すわーれー」っていっても、「座るもんか！」って。「背中と背中合わせればあったかいんだから、そうやってやるべ」って、そういわれても、わしはもう、はあ、はあ、はあってにおいかぐの。カムイ来たら、においでわかるっしょ。暗いのに、目はぎらぎら、ぎらぎら光らせて、あっちこっちこう見て。鷲谷さんはにおいのきかない人だから、わしはにおいきく人だもんから。ワワワワワ、ウワウワウワ、寒くて、ぶるってぶるってぶるって。歯ガチガチガチ、ガチガチガチいわせてれば、鷲谷さん、「寒いっしょー！」ってわしさ手かけて、ぐーっと吸い込まれるように眠るんだ。「この、寒いのに眠るもんだべ」って思って、そういうふうに眠ってしまったら終わりだって思って、わしはワワワワワワって、ひと晩中いってたんだ。

やっと夜が明けたんで、またどっか歩いてみようってことになった。そうしたら、夕べじゅう雨降って、まだ雨降ってるもんだから、笹が濡れて、その笹を越えて歩けば、今度体はべちょべちょ濡れる。下って下って、沢降りてみれば、ころんころんの石。前の日に下った沢の石とぜんぜん違うの。どれだけ急な沢だったんだか、ごろんごろんごろん。でっかい石がごろんごろんになって、「これ違うわ、違うと思う」っていって、また上がって元のとこさ行って、そっからまだどっかさ進んでみるかっていって、進んでいってるうちに、だんだん雨が晴れてきたわけ。

雨が晴れて、疲れたから、「少しここら辺でひと休みするべやあ」って、いうもんだから座って、座れば「寒いっしょー」ってこうしてわしの肩さ手かけて、抱き寄せるようにしてわしの肩さ、あご置いたら、また（鷲谷さんは）ぐーっと眠るの。「ハア、ナア、ニイ、シテ、ソンナニ、ネムタイモンダ、コンナ、オッカナイノニ」っていうと、「ハアア」って。「いやあ、なんかねえ。吸い込まれるように眠くてねえ。眠ればお坊さんがたくさん、たくさんいてね。座布団が敷かれていて、お坊さんがそこを通って歩いているのが見えるの」。幻覚なんだね。

いやあ、助かりたいのにどうしたもんなんだべ、っていいながら、どこだか高い山に登ってみようということになって、あちこち登っていたら、ズドーンって鉄砲の音したの。

それで鉄砲の音した方向に行くべえって行ったの。そうしたら、昨日の昼に弁当食べたところに、黄色いテントが見えたわけ。「見えた、見えた、見えたあ。人来てる、人来てる！」って。

後からわかったことだけど、その前の晩の十一時頃にも、鉄砲の音を出したっていうの。でも、ぜんぜん聞こえなかった。雨のザーっという降る音でわかんなかったんだな。わしらが行方不明になって、父さん、長寿、みどり、そして鉄砲撃ちの十二、三人で夜中から探しに出てたらしんだ。

翌日は晴れてたし、テントが見えた方向に向かってさらに歩いていってるうちに、また鉄砲の音が聞こえた。黄色いシートのテントも見えて、どらどらどらどらって、降りていっているうちに、あっちにもこっちにも鉄砲の音がするんだ。そして、はるか向こうのほうで、「あー」って女の声が聞こえたの。さだ子と、そして野高さんの息子だった。わしと鷲谷さんが組んで行ったから、向こうの組は「ああ、さだ子だな」って思った。今度はこっちも、あるだけの声を振り絞って、「ああー」って呼んだときに、聞こえたらしいんだな。

ズドーン、ズドーン、ドンドンって二、三回鉄砲撃って、そしたらまた別のところからもズドーンって。「ああ、いたか」「いた！」っていう合図だったらしいよ。それからわしは、こみあげてきて、震えていたのを押さえながらわけわかんないで、わあーって嬉し泣きしたっけ。

鷲谷さんが、「まあ、サキちゃん、あんまり嬉しくて歌、歌ったんだかって思った」って。歌どころじゃない、命あるかとるかの境目で歩いているのに、歌だって。そうやっているうちに、今度、だんだん近間に声が聞こえて、「はあ、やあ」「やあ、やあ、やあ」「ようようよう」って嬉しくなって。

「大丈夫か！」っていったから見たら、野深の小吉だった。三好さんのとこで働いていたから、そこから弁当と着てたもの持って、わしがいちばん先に来たもんだから、そのセーター脱いで着せてくれて、おにぎりもくれた。次に現れたのがみどり。その次に現れたのが、長寿。いやあ、そこで抱きやんこやって、泣いて泣いて泣いて、「助かったあ、助かったあ！」っていって。今度は泣きながら降りるから先も見えない、もう嬉しくて嬉しくて、父さんも上がってきて、みんなで並んで、「良かったなあ、良かったなあ」って。

「クマの住むとこさ、そうやって女だてらに来たもんだ」って、父さん、後ろからついてきて怒ってるんだ。そして、みんなして、火ぼんぼん燃やして、「よく助かった、よく助かった」って。

そのときのこと思ったらわしは、今の暮らしで金がどうのこうのって意地張る必要ないって思うの。人を馬鹿にしている人がいれば、いまにその人だっていい目に合わないんだから。いい目に合わないで、情けない思いしてみじめな思いで暮らして終る人なんだから。そんなことよりも、わしはひとつひとつ、感謝の心を持って、一年一年大事に暮らしていったら、それでいいと思う。

初めての東京・ババの死

一九六七（昭和四十二）年一月七日、正月に帰ってきた恵子がみどりを連れて東京へ行った。わしはすぐ戻ると思っていたのに、みどりはそのまま長女といっしょに働くことになったの。こっちにいても冬の間は仕事もないし、みどりに習い事させる余裕もなかったから仕方ないんだけどね。

一九六八年四月、恵子が結婚することになり、そのとき初めて父さんと二人で、東京に行ったの。恵子たちが九州へ新婚旅行に行くのを見送ってから、次女のみどりがわしらをはとバスに乗せてくれてね。東京見物したり、江ノ島に行ったり、本当に楽しかった。良い思い出になった。

初めての東京（上野公園）左から正勝（恵子夫）・みどり・恵子・父さん・サキ

一九七〇年、ババが亡くなった。わしはうちのババのいうことを「はいはい」って聞いて夢中になって働いてきた。いじめられてきたので「よくもそうやったな！」って恨むこともあったけど、いざ、もう年取ってしまって、その姿見たら、「あぁ、かわいそうに、あの格好！」と思って風呂に入れて洗ってやって、晒しの肌襦袢着せて寝かしてやった。八十歳で痴呆症になってしまった。わしは、そういうふうになるまいって思ってるんだ。ババは、人柄はとっても良いんだわ。根性良しでな。豆をまいては人にやって喜ばれていた。したから、いつも人が来る。集まる。ババのアイヌ名はコトパンノっていう。「群れ」という意味だって聞いた。ババはね、自分の妹をはたき殺した父親にわしがそっくりだということで、わしにだけ（対応が）悪かった。でも「サキ、お前は兄弟いないから、子どもをたくさん産んで兄弟のように暮らせ」っていって、そのとおりになった。わしと父さんの間に六人の子ども、そして孫、ひ孫全部合わせると三十八人になる。こんなありがたいことないよ。

ババは八十で亡くなった。わしが四十歳ぐらいのときから、ババの面倒をみたの。最後はその死に目をちゃんとみてやった。わしが四十二歳のときだ。田んぼから帰ってきたら、荷物背負ってどっか行く格好しているから、「どこ行くの」って聞いたら、「家さ行くべさ」っていうから、「自分の家からどこ行くのさ」っていったら、「エヘヘ」。おかしくなっているんだと思った。あの世に行く荷物背負ってな。わしは、荷物（ケトゥシ・注）揃えて用意して、ちゃんとわかる場所に置いていた。いつどうなってもいいように。ケトゥシにはご先祖様に会うための草履とか手甲とか脚絆とか着物を入れておく。わしはお棺さ入れるときに巻くキナ（ござ）も編んだよ。

亡くなる前、ババに「何か飲みたいもの、食いたいものないか？」と聞いたら「さけ、さけ」といった。それで、長喜さ「サイダー一本と酒一升買ってこいよ、サイダーぶっ壊してもいいから、酒落とすなよ」っていったら、酒落としてぶっ壊してな。おかしいんだ。それで「また買ってこい」っていって。そしてババに「わし、こうやって酒やるから、あの世さ満足にちゃんといけるように、自分でいえよ。カムイノミしたから酒飲め」っていうと、ババは頭を上げて二口飲んで「もういい」って頭振った。

「飲んだか？　安心したか？　そうか、そうか」っていいながら、だめだってことはわかっていた。医者もあぶないぞ、といったから、もう終わりだなと思った。

悦子が恵子のところから帰ってきたところだったから、ババに恵子の話したら、ババの目から涙がひとつポローッと落ちた。「あぁ、ババ、聞こえてるようだ。わかってくれてる」といいあって、そして、何かおかしいから傍さ行って、頭なぜるような格好をしたら、コロンと終わった。

そのとき「あぁ、ばばー。あぁー」って。ひとりでに出るもんだわ、ライチシカㇽ（通常は泣き役が死者の弔いに泣くこと）っていうのは。あのとき初めて自分で声が出た。ほんとに悲しいなぁ、これが別れか、って。ババは「カムイシニ」ってな、眠るように静かに息を引取って何ごともなく終わった。きれいな葬式ができたな。

（注）ござを三分の一折り返し、両脇を縫い合わせ、残り三分の一を蓋にしたもの。物をしまっておいたり、嫁入り道具を運ぶときなどに使う。

ケトゥシ

鷲谷サトさんのところへ行くようになって

鷲谷サトさんはわしより二つくらい年上なんだけど、ちゃんとした学問を持っていて、とても頭の良い人でね。その頃サトさんは、全道の日教組の集まりに行ったり、あちこちで講話をしたりしていて有名な人だったの。物知りだったしね。わしにしたら、鷲谷さんから色々な話を聞くだけでもためになったし勉強になったの。サトさんが刺繡するのを眺めながら世間話するのが楽しかったし息ぬきでもあったし、わしの頭を磨くのにいいからな。なんもノートや鉛筆持ってだけが勉強でない。わしは人と話することが学校だと思っていたからね。アイヌのことは、「やれ」っていわれても「やだ」。アイヌのことやるために（鷲谷さんと）付き合ったのではなかった。

鷲谷さんの親もユカラ（アイヌの叙事詩の語り）なんかできる人だった。わしはそれも聞いていたけれど、何が何だかわからなかった。うちのババは物語好きだから聞くし、人にも教える。

鷲谷サトさんはまた良い声していて、歌も上手でいっしょに歌ったり。ある日、いつものように世間話してたら、突然刺繡する手を止めて「あんたなして手を休ませているの。

見てばかりいないで、あんたもやりなさい」っていったの。そして「できないっていってたらいつまでたってもできないもんだ。やる気になればできるんだ」って強い口調でいわれてわしも考えてね。

わし、子育てが終わる頃からアイヌのことやり始めた。エムシアッ編んで、アットゥシ織（オヒョウの木の皮から糸を撚り織る衣服）した。悦子が平取にいた頃に、悦子が住んでいる住宅の並びのおばさんが機織りしていたので、そこへ行ってやらしてもらったりした。二風谷からまだ奥に入ったところのペナコリ（沙流郡平取町荷負）だ。そこは、日高の御料牧場から強制移住させられた人たちが住んでいた場所だ。

わしは、それから（浦川）タレばばに習って習って、作ったものが入賞するようになった。

次女みどりが阿寒湖へ嫁に行ったことで、わしの人生も変った。ここら辺では、アイヌったら悪口にしか使われないけど、娘のところに行くと、観光地だからかもしれないがアイヌを宣伝して生活している。アイヌ部落では一日中ムックリの音がスピーカーから流れている。ここではこうして堂々とアイヌを売り物にしていて、誇りを持って生活している。わしは今までアイヌのアの字も嫌いでいたこと思って、世の中が広くなったように感じたね。それで自分の心も変ってきたの。何ていうか自信が持てたの。

手仕事をやるようになって

アイヌのことやるようになって、浦川タレさんのところへエムシアッ（木の皮で編んだ肩掛けの刀下げ）習いに行った。

タレさんに開口一番「サキ、やりたかったらカイカ（糸撚り）してこい、カイカしないば駄目だ」っていわれ、どうにか、カイカして持っていくんだけど、より方が反対だからやり直せといわれる。そして、カイカが大事なんだよ、カイカが出来れば一人前だっていうんでカイカを練習したの。タレさんのところに行って最初に覚えたのがカイカだったね。カイカの要領を覚えたら楽しくなってね。

田んぼの草取りしていて、ああ疲れたって一寸畦さ座っても、そこら辺に生えてる草を取って一生懸命カイカの練習したもんだ。カイカは、水で湿らせた木の皮とか草の繊維を何本か束にして右手と左手でそれを持ってな。それで親指とひとさし指を使って力を入れながら、親指を前に押し出してねじって糸にしていく。今度はそのねじった左手の糸を右手の糸のほうに持ってきてねじる。指の腹にマメができるほどやると、もう見ないでも、歩きながらでもできるようになるわけよ。

それから何日かして、カイカした糸を持って編み方を教わりにタレさんのところに行ったんだけどね。「まず見てれ」といわれて、見ててもさっぱり分らない。今みたいに図面がある訳でないからね。見て覚えるしかない。頑張ってやって覚えたつもりでも、家さ帰って続きをやろうとしても出来ないのよ。それで、タレさんのところで編んだ編みかけをほごして、夜中までかかってやったけどうまくいかないのね。それからわしも考えて、今度、昼間働いてから、タレさんのところに夜泊りがけで習いに行ったの。

その頃は父さんも山子の仕事でなく、家の近くで土方して働いていたし、二番目の娘もいたから、教わりに行くことができた。

一番下の長喜も五年生になっていた。事故の後遺症でたまに発作が起きるけど、落ち着いていて日々の暮らしに少しゆとりが持てたと思う。したから、少しの暇みつけては、タレさんのところへ行ったの。わしは行くときには、必ずお小遣いとタレさんの喜びそうな食べ物を持ってね。するとタレさんは「サキ、サキ、お前どうやって金もうけするんだ？オラにも教えれっ」ていって喜ぶのさ。わしにしたら、その頃の三千円は大きいけど、でも大事なこと教えてもらうのに、それなりのお礼をしなければ、自分の身に付かないと思ってね。

そんなある日、父さんが、「お前は夜鷹だもんな」っていったの。そのときは、わしは夜鷹って村を守るふくろうかと思っていたので、大して気にもかけないでいたら、全然違う意味だってことを後になって知って驚いたね。

神戸さ物産展に行ったとき、アイヌの偉い人も付いて行ってた。夜、買い物に行ったとき、女の人が街角に立っていたのね。夜遅いのに、行くときにいた女の人が、帰りにもまだいたのね。不思議に思って、あの人どうしたんだろうとつぶやいたら、「あぁ、夜鷹だ」って。父さんに対して腹立ったよ。でもな、それくらい真剣にやったから覚えられたし、自分のものにできたと思う。行ってるうちに、タレさんの子どもの頃の話を聞いたり、わしの苦労話を聞いてもらったりね。お互いに心通わせるようになったの。そして「お前も、もらい子、おらも、もらい子だ。親のふところの温もりも知らないで育った者同士だから、おら、お前ばめんこいんだ」っていうのが口癖だった。

タレさんが「ひまわりの会」作ったのが一九七五（昭和五十）年。そのときに「サキも来い」って声をかけてくれたから昼間働いて夜習いに行ったの。姉茶から堺町まで行くには大変なんだ。山二つ越さなきゃならないからね。わしは自転車でばっかり行った。姉茶民芸品研究会の仲間のハルさん、リウさん、ミカさん方は堺町までは遠いからって行かなかった。

初めて作ったマタンブシ・活動の広がり

鷲谷さんにやれっていわれてマタンブシ（刺繍した鉢巻）を一本作ったのが始めだ。仲間といっしょにいれば楽しいもんだからね。この頃はアイヌの復権をめざして、アイヌ協会の動きも活発になり、浦河もアイヌ協会の支部になり、会員になる人が出てきた。今度、日高と胆振の民芸品のコンクールがあるから、皆で協力して出品したほうが良いということになってね。サキちゃんも出せ出せといわれるので、前にシッさんにもらったマタンブシの文様を参考にして自分で刺繍の糸の色も考えて、何日かかってマタンブシ仕上げて出品した。

一九七六（昭和五十一）年、日胆《にったん》（日高、胆振《いぶり》）の展示会に出したら、その一本のマタンブシが賞に入ったの。仲間の皆に「そら見れ、天井見れ！」ってはやしたてられて大騒ぎだった。嬉しくって嬉しくってなぁ。それからアイヌに目覚めて、自分に自信が持てたの。それがアイヌのことやるきっかけだった。それからサラニップ（背負い袋）を作った。それも札幌で入選した。それが始まり。面白かったよ。それから九回ぐらい入選した。わしは、それからタレさんに習って、作ったものが入賞するようになった。タレさん

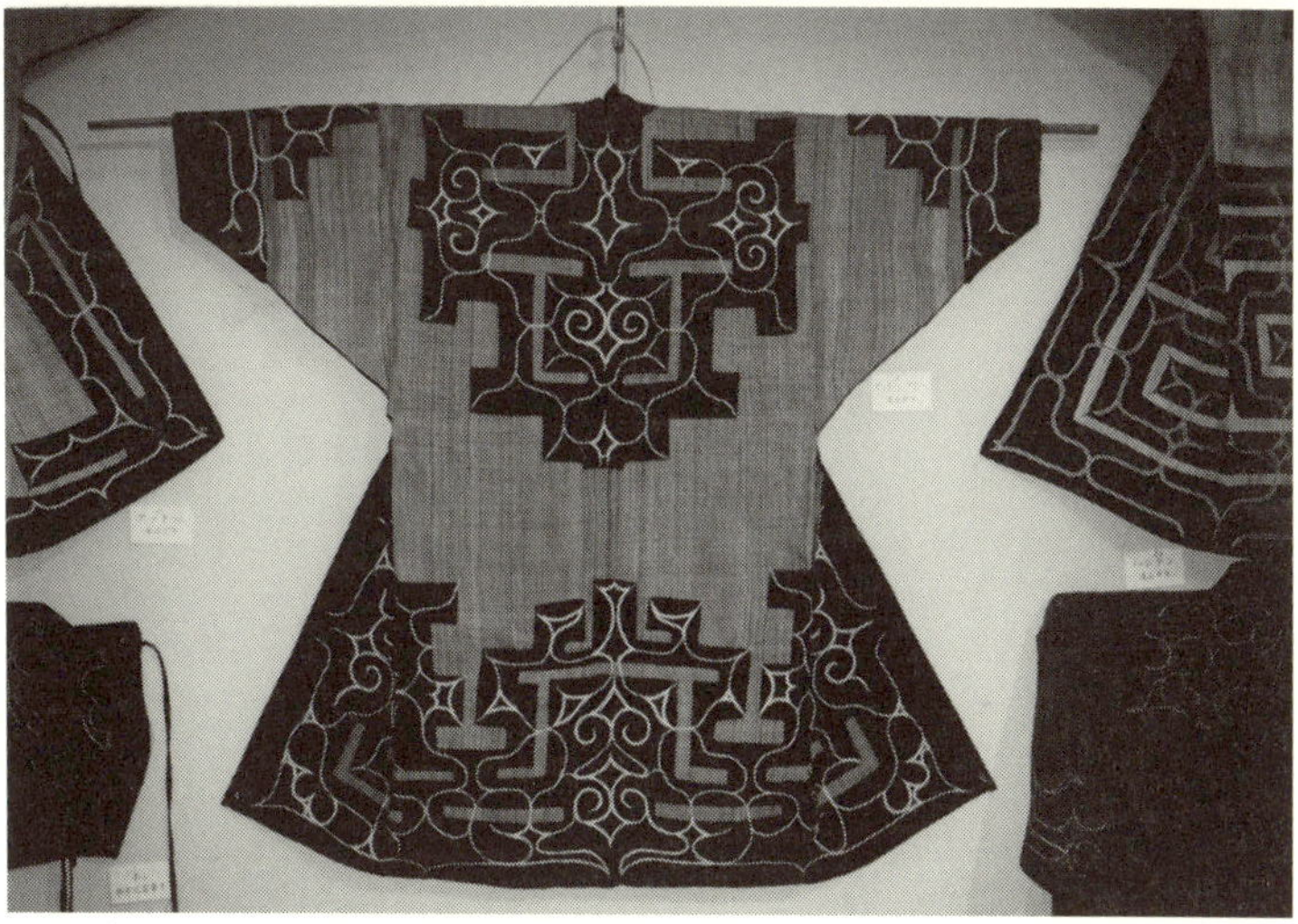

マタンプシ（上）アットゥシ織り（下）（遠山サキ作）

は「何でも教えるからな。出し惜しみしないで皆に教えてやれよ」っていいながら、わしば可愛がってくれた。口は悪いけれど心はあったかい人だった。

ひまわりの会に行くようになってから、タレさんに「浦河の博物館さ、サキいっしょに行くべ」って誘われていっしょに行くようになって、わしの人生が変わった。アットゥシ織りやキナ編みを教えに行ったお陰で人に喜ばれてそこでまた色んな人と知り合いになり、人と仲間になることが大好きになった。それからバハイの会（バハイ教＝十九世紀イランで創始された宗教）の人たちとも知り合いになって輪が広がった。たくさんの人と話し合うことで世の中明るくなっていくってことがわかったの。色々な人と話すことで物覚えるし、頭磨いて、心も磨ける。

一九七七（昭和五十二）年、わしの土地を貸して姉茶共同作業所ができた。鷲谷サトさんが役場やあちこち掛け合って頑張ったからできたんだ。その頃、たくさん人が集まって、キナ編みやアットゥシ織りや刺繍したりで、賑わった。隣の部屋では、男の人たちが冬の間失業保険もらいながら木彫りしていた。

手仕事しながら昔からのアイヌの唄も練習したりした。あるとき、父さんがね、「おらの育ての親はうぐいすのような良い声で歌ってたよ、おまえたちの歌聞いてるとまるでカラスの合唱のようだ」っていうので、おかしかったね。

一九七八（昭和五十三）年、それまで浦川タレさんを中心にした「ひまわりの会」が、「浦河ウタリ文化保存会」に名前が変わった。祖先から伝わったアイヌ文化を受け継いで守っていこうという風潮が強まって、たくさんの会員が集まるようになってきたの。

伝統的なアイヌの手仕事を伝承するのにあたって、浦河支部でも（織布の）機動訓練をする話が出ていた。支部長から資格をとる話が出たときに、タレさんがわしを推薦してくれてな。ほかに向井ハルさん、浦川リウさんと三人で織布の試験を受けにいくことになったんだけど……さあ大変。リウさんやハルさんは学問を持っている人だからいいけど、わしは文字がわからない。何とか判断読みはできるけど、文字をあまり書くことができない。だから試験日までどうやって過ごしたか、こんなに悩んだことなかった。したからもう正直にいったの。「すいませんが、私文字が無い。書けない」っていってね、それで○×で試験受けさせてもらったの。一九七九年のことだ。

一九八一（昭和五十六）年、浦河支部で機動訓練（行政の職業訓練）が始まって、ハルさん、リウさん、わしと三人晴れて織布の免状をもらってきて、早速支部長にやりなさいといわれてな。タレさんが校長先生になって、わしは助手になって基礎を教わって、二年間やった。このことが本当に良かった。身になったのよ。冬の間の機動訓練でアイヌ刺繍やアットゥシ織、チタラペ編みやって、春から秋は田んぼや畑をやった。

一九八三年にタレさんが引退して、それからはリウさんと二人で一九八五年まで、指導員をやらせてもらって、たいしたありがたかったよ。

でもね、良いことばかりではないの。タレさんがわしを可愛がって「サキー、サキー」ってあっちさ行くべ、こっちさ行くぞ、って連れていくので、周りの人たちにしてみればあまりいい気持ちでなくて、今度わしを皆して嫌ってな。目でいやがるのがわかるのよ。それが辛かったなぁ。

前列右から二人目 浦川タレ・三人目 サキ・四人目 リウ・五人目 ハル

物産展と人との繋がり・初めての海外

一九八三（昭和五十八）年、秋になって北海道物産展に行った。アイヌ協会の本部から名指しでアイヌの手仕事の実演をしてくれっていわれてね。

それがまたわしの人生が開けたきっかけになった。一番初めは小田急デパートだった。わしの場所はほかより一寸高い台の上で、周りを囲って、部屋のようだった。品物を展示したり吊るしたりできるようにもなっていたね。畳二帖敷いてあって、その上でカイカしたりキナ編みしたりするの。開店の前にはちゃんと朝礼にも参加したりね。何しろ見るのも聞くのも初めてのことばかりでね。世の中広いなーと思って、面白かった。

新宿のときは、関東にいるウタリ（仲間）が訪ねてきてくれたりで、あっという間の一週間だった。その頃、長女が久里浜にいたから、孫の顔も見たいしで、新宿から山手線で品川行って品川から京浜急行に乗って久里浜に行ったの。今思えばいい度胸してたなって思うよ。

久里浜駅に孫二人迎えにきていてね。わしを見るなり大きな声で「おばあちゃん、泥棒みたい！」っていうの。その頃「天才バカボン」がテレビやなんかで人気でな。わしはそのとき、唐草模様の大きな風呂敷を背負って両手には荷物を持っていたから、漫画の泥棒そっくりだったのかもね。今でもその話をすれば、大笑いするんだ。

次の年は名古屋の三越に行った。この歳から実演だけでなく、売り物もしてよいことになったのね。ここでもわしのところだけ一段高い場所が作ってあって、そこに座ってカイカしていたらそのうちに、大学生だっちゅうかわいいおねっちゃんたちが三、四人来てね。わしの座ってるところさ腰かけて、「アイヌの話聞かせてください」って。「はい、はい。何でも聞きたいことといってください、話するよ」ってね。そしたらまた、明日も来る、明後日も来る。ほかにも男子の大学生や、わしと同じくらいの年の人とも知り合いになったりね。毎日通ってくる人もいてね。

したから、わしのところにはいつも人だかりがあるので、ほかの店の人が見にきたりしたこともあったのよ。

そうやって、人と話ができるって面白くてな。わしにしたら生きがいになった。毎年秋になると新宿だ、名古屋だって物産展にかれこれ二十年通ったかなぁ。あの頃はまだ学生だった人たちも結婚していいお母さんになっていたりして、まだしていない人には、「早く良い相棒を見つけて、父さん母さんば安心させれ」ってお節介やいたりね。いまだに付き合いがあって、訪ねてきてくれるのでありがたいよ。

いまだに忘れられない出来事があるんだ。

父さんが蜂に刺されて亡くなってから、心が塞いでどこさも行かないでいたの。子どもたちが心配して、「家にばかり引き込んでないで、物産展に行け」というから、三年ぶりかで行ったのね。初めて行ったときから来てくれて友達になった皆さん方が、入れ代わり立ち代わり毎日通ってきてくれてね。当時学生だった娘さん方も皆して来てね、三、四人でわしを囲むようにして肩を抱き合っていっしょに泣きながら「サキさん、サキさん、悲しかったね、辛かったね」って慰めてくれたの。そしたらわしも悲しくなって、おいおい思いっきり泣いてね。それで気が晴れたの。生きようって思った。それで乗り越えられたんだ。


一九九八（平成十）年十月、七十歳のとき「世界口琴大会」に、次女のみどりと三女の悦子とともに、スイス・オーストラリアへ行ってきたの。初めての海外だ。このときはぜんそくで苦しくて大変だったけど、娘二人に助けられて、良い旅であったね。

七十三歳のとき、第三十七回北海道文化財保護功労賞をもらうことになって、表彰式に

名古屋三人展（1998年）前列右から　リウ・サキ・悦子

出るために札幌に三女の悦子といっしょに行ってきた。十六年前にタレさんが功労者賞の授賞式に札幌に行くのにわしを指名してくれてな。サキを付添人にすることを皆好ましく思わなくて、反対したらしいのね。後になってタレさんが「オラ、誰が何といおうと、お前ばめんこいから、だからお前といっしょに歩きたいんだ。だからしっかり覚えて出し惜しみしないでだれでもさ教えれよ」って。こうして栄えある賞をもらえたのはタレさんがわしを導いてくれたから今があるんだ。

タレさんは一九九一年にあの世に旅立ってしまった。

タレババ、パセノポ　イヤイライケレー（どうもどうも、ありがとう）。

名古屋三世代展　「ウウヌコルタラ」　右から　恵子・多栄子（悦子の娘）・みどり・長寿・悦子・サキ・絵美（みどりの娘）・りうか（絵美の娘）

二〇〇三（平成十五）年、七十五歳のとき名古屋のギャラリー栄で「ウウヌコルタラ三世代展」が開かれたの。ウウヌコルタラというのは、親子という意味。

まず、一九九〇年に名古屋の物産展に行くようになって、「アイヌ民族を考える会」の人たちとお付き合いをするようになった。そして、名古屋市でアイヌの男性に対する差別発言から事件が起こって、そのアイヌの男性が投獄された事件があったの。わしは、かわいそうでかわいそうでな、顔も見たことなかった人だけど、わが子のように思った。それで、会って励ましたりしたんだ。それがきっかけで、それから毎回その会の人たちが来る

名古屋三世代展のチラシ

スペースオルタにて

ようになって、七十歳のときに、遠山サキ、浦川リウ、堀悦子の「名古屋三人展」をすることになった。その展示の反響がたいへん大きかったから、三世代が皆アイヌの活動をしているのだから、今度は大掛かりな展示をしようということになって、名古屋の人たちが動いてくれたんだ。「ウウヌコルタㇻ」は、二百何点という展示になった。だから、人との繋がりでずっと続いているんだ。

次の年に佐渡でも、二回目の親子孫三世代展「シネウプソロ展」（ひとつのふところ）が開かれて、二〇〇九（平成二十一）年には、札幌で第三回目の三世代展やったんだ。この年は横浜のスペースオルタで公開ライブもやったな。ムックリや歌やお話や、色々なこと

名古屋三世代展　アットゥシ織展示

札幌 親子孫三世代展のチラシ

十三人のグランマザー会場

をした。
二〇〇七（平成十九）年、初めて沖縄に行った。須藤さんという沖縄の方が沖縄大学で講演してくれと呼んでくれたんだ。わしと娘たち四人で沖縄大学で行ってな。そこでの繋がりで、翌年、十月二日に久高島に行くことになり、満月の日の祭事に参加して、おばあたちと交流ながら、アイヌ料理を作ったり歌や踊りをしたんだ。その年に、アイヌ文化賞を受賞した。
鹿児島の霧島はすごかったなぁ、二〇〇九年のことだ。「十三人のグランマザー国際会議」という、世界のグランマザーの大会があって、わしは、北海道のアイヌのグランマザーということで推薦してもらって参加したんだ。娘たちと四人で参加した。世界各国から十三人のグランマザーたちが集まっていたのだけど、外は大嵐で飛行機が飛ばないくらいだったのに、わしたちが歌を歌い始めたら空がぱっと明るくなって雨も止んで虹がかかったんだ。それで皆がわあっとなった。

そのとき霧島に来ていたカナダに住む方が、ぜひ来てほしいと呼んでくれて、翌年、娘たちと四人で、カナダのホワイトホースに行った。クリンギット族との先住民族交流にアイヌのフチの代表として参加したんだ。八十三歳のときだ。

昔はアイヌのアの字も聞くのがいやだったけれど、今はアイヌに生まれてよかったと感謝している。昔はカムイへの感謝の祈りはしていなかった。今は朝晩、カムイに感謝のお礼をいっているよ。

クリンギットインディアンと

昔の歌・踊り・言葉のこと・先祖の心

自分がアイヌの文化にはまって、寝る間も惜しんで勉強を始めた。刺繍したり歌うたったり踊り踊ったりしているうちに、だんだんアイヌの素晴らしさがわかってきたの。歌やるにしても昔の人は本当に素晴らしかった。味があったね。味があったっていうのはね、普段話しているときにでも、自然に節つけていうの。話しあうの聞いていても、うた歌ってるみたいだったからね。

手仕事をやる様になって、民芸品と共に歌も踊りもくっついてきたの。そしたら、どんどん昔のこと、子どもの頃のこと思い出してくるもんだね。言葉も日常アイヌ語で話してた訳でないのに、自然に昔びとの言葉が出てくるようになるの。

だから、実際にアイヌの言葉で話してるのを聞いたことがない今の人たちに、昔のとおりにやれっていっても無理なのよね。でも昔からの良いものを失くしてしまうのはもったいないからね。代々積み重ねてきたものが絶えてしまったら残念だものね。全部シャモに同化してしまわないで、残せるものは残したいと思ってるんだ。アイヌがいくらシャモ化しても、まだまだ差別は残ると思うし。

わしは、無学だったけど、世間を歩いて世間の勉強をしたおかげで、素晴らしい自分になったって、自分で思う。最後にはアイヌの先生になって、言葉から手仕事からを皆さんに教えるようになってね。自分が無学だってことに負けたら終わりだって思うから、それに負けないで、栄養剤をあっちからこっちからするようにして、頑張ってきたの。

今アイヌの文化を伝承しているっていうアイヌはあまりいない。浦河町だとアイヌは百人かそこら。アイヌ文化保存会っていう会に入って、伝承している人もいるけど、皆アイヌが嫌いで、アイヌをやめて和人ふうになってる。

アイヌであることを恥かしがらずに、アイヌの文化を、もっと発展させるために胸を張って話すことがアイヌの心でないかって思うけども、なかなか皆そんな考えにならない。卑屈になってないで、アイヌも人間だ、皆さんと同じなんだって思って、アイヌのことを皆さんにわかってもらえるように文化を広めてほしいと思うよ。

目で見て口で話して私からあなたへ、あなたから、あなたの子ども、お友だち、皆に伝えていく、文字がなくても皆に伝わってきたのよ。これは素晴らしいこと、アイヌの心だと思う。

今思うこと

子育ての頃は、やりくりが大変だった。でも、その大変さの中から、ものを覚えるようになったの。わしは子どもたちのおかげで色々なことを学んでいけて一人前になっていったの。だから本当に子どもたちには感謝している。

わしが旦那と六十歳のときに死に別れて、もう三十年ひとりでいるってことは、よくこうしてみんながわしを支えてくれているから生きているんだ。まだこうして生きているんだから、ほんとうに幸せ。恵子、みどり、悦子、女三人。長寿、丈人、長喜、男三人。これはわしの宝物。こんなにわしの気持ちを癒してくれて、楽しませてくれて。子どもって宝物だなって。

育ての親のとっちゃんは馬喰だったから優雅に暮らしたんだよ。だけど金も残さない、土地も残さない人だった。わしが残したからこそ、今このようにあるんだが、わしがひねくれてたら、いまだに子どもらは寄り付かないべなって思うときある。ひねくれないで子どものために働いて、子どものおかげで、わしが心を直して直して、親たちのような頑固な気持ちを持たないように暮らしたんだ。今のわしがあるのは、そういうふうに昔の親の罪ほろぼしのために生きたからで、それでおまえがあるっていうように常に思ってる。幸せに暮らした人はそういう辛さが何にもわからない。自分で自分の幸せをこしらったからこそ今こうやってしゃべるにいいわけさ。

十七歳のとき、あんちゃんが兵隊に行って、十八のとき、戦争で負けてシベリアで戦死した。沿海州のニコラエフスクで（尼港事件で知られるシベリア干渉戦争）死んだんだ。わしは語り部に残されていると思っているから、生きている間、子どもたちのため、孫のため、ひ孫のためしっかりして語り継ぎたいなと思っているよ。

人間は生きていることで、ひとつひとつ、いいことにつけ、悪いことにつけ、みんなこの世の暮らしの勉強をしていっているの。年になってこうやって勝手なこといってるんだろうと思うかも知れないけど、心の中にドラマを持ってる。

世の中変わってきた。アイヌ文化が消えてきた。でも、自分はまだまだ、自分だけでやることはたくさんあるわけ。自分なりにやる、ひとりでね。

朝起きたら先ずアペフチカムイ（火の神）に挨拶するんだ。アペフチカムイはアイヌにとって一番大事なカムイだからね。アペフチったら年を重ねた女のお婆さんの神様だ。わしも今では婆さんだからね。親しみがあるの。共にお話ができるってことは幸せだなって思ってね。

朝晩、アペフチカムイ（火の神）、ワッカウシカムイ（水の神）、チセコロカムイ（家の神）、ルコロカムイ（トイレの神）、レラカムイ（風の神）、アパチャンカムイ（入口、戸の神）、シリコロカムイ（大地の神）シンプイカムイ（流し、台所の神）……いろんな神様の名前を呼んでイヤイライケレー（ありがとう）。みんなにアイヌ言葉を使って明らかにする。今日も一日よろしくお願いします、今日も一日ちゃんと守ってくれてありがとうございました、って。あんなに苦しかった病気が良くなったときも、神様のお陰だな、ありがとう、ありがとう。今はみんなばらばらに他所へ出ているから、何事もなく暮らせるようにお願いします、ありがとうございます、パセノポ　イヤイライケレー（どうもどうも、ありがとう）って。それがわしの日課、楽しみなんだ。

第三章　日常の暮らし・アイヌの心

あとがき

花崎皋平

遠山サキフチは、いま九十歳です。寄る年波で起居はままならなくなってきましたが、息子、娘たちが驚くほど頭ははっきりしています。この本は、サキフチが北海道浦河町姉茶に生まれてから今もそこで暮らす一生の歩みを、長女の恵子さんが聞いてまとめたものです。

私は、一九七〇年代の初めからですので、四十年以上お付き合いをさせていただいてきました。年は三つしか違わないのですが、息子、娘たちがそう呼んできたように「かあさん」と呼ばせてもらっています。ほぼ毎年、春秋二回は訪ね、山菜採りや日々の暮らしに加えてもらってきました。

この聞き書きの大事なところは、若い頃身近に暮らした娘が聞いてまとめていることです。聞き書きを仕事にしているプロのルポライターのものでは、こうは行きません。忘れていた昔の記憶が、共通の経験を持っている娘の誘い水で湧き出すように溢れ出てきています。情報として聞き取られたものではなく、生きてきた日々が生き生きと流れ出てくるのです。自分の言葉で生活と風景が織り上げられています。

例えば、「ハポが亡くなった日」のところで、臨終の際、オトウの兄弟が、苦労をかけたハポに謝れ、ってオトウにいったらしい。オトウが「許せよ」ってぽつりといったら、ハポはしばらくして息を引き取ったんだ」と語っています。情景が目に浮かびます。夫にとって、娘にとってかけがえのないハポの死という出来事が、夫、妻、それを記憶している娘の三者の姿で伝わってきます。人はひとりひとりかけがえのない絶対的な存在であることを、サキフチはこの本全体を通じて心のうちの思いとして語っているように思えます。

「大きな台風」のところでは、七歳の頃、オトウの家が台風で屋根を飛ばされ、離れたところで暮らすようになってから、訪ねていくのを楽しみにして、「オトウはわしが行くとね、イナキビご飯を炊いてくれたんだ。それがほんとうにうまいの。囲炉裏の火にかけて炊くんだけど。どういうふうにして炊いたんだか、赤飯ではないかと思うくらいにもちもちして、すんごくうまかったんだよ」というあたりも、日常の記憶が、オトウへの思いとかさなって、サキフチの人柄を育てる働きをしたことが感じられます。

ハポが亡くなってからハポの姉の鳥岸サトに育てられますが、きびしい人で、とても苦労します。小学校四年生まで、学校はアイヌの子どもだけだった（俗称土人学校）が、学制改革で和人の子供との共学になると、激しい差別とイジメにあってだんだん学校に行かなくなります。小学校を出て十二歳で子守奉公に出ますが、「うちにいるよりはずと良かった」とのことでした。苦労の多かった話から、サキフチは、人がかけてくれた情け、示してくれた愛情を心の深いところで受け止めることのできた人で、それを糧に人に対する慈愛の心を養ってきたことが察しられます。

十五歳の年に一年間奉公に行って農業を学び、十六歳から自分の家の田んぼで米を作り始めます。よく働き、しっかり農事を身につけました。よその家に働きに行っていたときに、「このへんのアイヌはその日暮らしや」という会話を聞いて、強い怒りと恥ずかしさを覚え、差別を乗り越えて自分の力で生きてゆこうという自立心を強く持ちます。聡明な少女だったことがわかります。

父さんはアイヌに育てられた「シャモっ子」で、シャモなんか嫌いだと思っていたサキさんにとっては意に沿わない結婚でした。なかなかなじめなかったが、父さんがよく働くし器用だし、親にもサキさんにも優しくしてくれる人だったので、次第に心が開いて行きます。子どもが恵子さん、みどりさん、悦子さん、長寿さんと次々に生まれ、女三人、男三人の六人になります。

恵子さんが小学校に入学したときの経験が、サキさんにとって後半生への大きな弾みになりました。先生に「参観日でなくても良いから、子どもの様子を見にきてくださいね」と声をかけられ、ひとりで授業を参観に行きます。そして自分が同じ小学校で、昔いじめられたことを「涙ながらに手振り身振りで一生懸命話した」ところ、先生が「ああ、そうでしたか、そうでしたか」とちゃんと話を聞いてくれた。サキフチは「そのときからなのよ、わしが生きるっていう強い気持ちを持ったのは」と語っています。この先生に出会って共感をもって話を聞いてもらえたことが、サキフチにとって大きなきっかけになりました。フチはこのきっかけを次のように受け取めたのです。「だから、子どものおかげで、わしは生きれる力を持ち、話せる力を持ったんだよ。子どもって素晴らしいよ」。自分がシャモの先生にまともに話を聞いてもらえた経験をし、それをきっかけに差別を乗り越える力を得たことを、「子どものおかげ」と受け取っているのです。こういうところにサキフチの人柄、経験の取り入れ方が光っていて、私は感動します。

隣の桑田さんのおばさんからからも近隣社会での付き合いで大事なことを教えてもらいます。狭い村や部落では噂話が紛争の元になることがよくあります。民衆思想家の山代巴は、広島地方の農村での民主化運動をしていたとき、若い女性たちに「他人の秘密をしまっておけるふところを持ちなさい」と教えていました。桑田のおばさんが教えてくれたのはそれと同じ民衆の知恵です。

「シャモの隣との付き合いによって、わしは学ばせてもらって、おかげで今のわしがあるんだから、有難いなあと思っているの」。私の親しい倫理学者は「記憶をケアする」というあり方を説いていますが、サキフチのこの受け止め方は、記憶をケアして、負の経験からの回復に役立てているのではないでしょうか。

次に起こった大きな事件は、父さんの長吉さんの事故死です。お葬式には、私も駆けつけましたが、「かあさん」の悲しみは尋常ではありませんでした。

「今まで空気のように思って気がつかなかった本当の心からの愛というものが、そのとき父さんに対して芽生えたんだ」といっています。

そして、子育ての終わる頃からアイヌの伝統文化である織物、刺繍などを熱心に学び始めます。エムシアツ（木の皮で編んだ肩からかける刀の帯）を編み、カイカ（糸縒り）を覚え、アットゥシ（オヒョウニレの皮で織った着物）を作り、マタンプシ（刺繍した鉢巻）が展示会で入賞したことが励みになり、色々な人と話すことで知識を得、頭を磨き、心を磨いたと語っています。「かあさん」の生涯をたどっていくと、個体発生は系統発生を一身で繰り返すという説を思い出します。「かあさん」はその歩みの一節一節で立ち止まり、得たものを咀嚼し、栄養にして成長してきたのだと思わされます。

第三章では、アイヌ文化の諸相（イヨマンテ、食物と料理、日々の暮らしなど）が語られています。「通りすがりの人が来たら、水飲め、いや、お茶飲め、腹減ってないか、と聞くのがアイヌの口癖、心」という。子どもは神様からの授かりものと考え、シャモの子でももらってくれといわれれば、もらって分け隔てなく育てる文化がありました。

子育てが終わる頃から、アイヌの糸綻り、編み物、織物を熱心に学びたちまち上達し、初めて作ったマタンプシが展示会で賞を得たことで自信がついて次々と作品を作り、入賞を繰り返すようになりました。そして名古屋、東京などでの北海道物産展で手仕事の実演をし、知人、友人ができるようになりました。この頃からサキフチの、人が好きな、親しみ深い心がどんどん開いていきます。民族が違い、国が違う人たちとも心を開いて付き合えるおおらかさでした。それはカナダのクリンギット族との交流など、日本を出て外国に出かけることにも物怖じしないしなやかさにもうかがえます。

晩年の特筆すべき出来事は、名古屋、佐渡、札幌の三か所で開催された遠山ファミリー三世代の手仕事展です。遠山ファミリー、息子、娘、孫たち、ひ孫まで、「ばあちゃん」を愛し、尊敬し、手仕事や歌、踊りなどアイヌ文化を受け継いでいます。三世代の手仕事展では、二百点を超えるファミリーの作品が展示されました。ほかに類を見ない画期的なイベントでした。

サキフチはその人生哲学をこう語っています。「わしはひとつひとつ、感謝の心を持って、一年一年大事に暮らしていったらそれでいいと思う。」

「人間は生きていることで、ひとつひとつ、いいことにつけ、悪いことにつけ、みんなこの世の暮らしの勉強をしていっているの。年になってこうやって勝手なことをいってるんだろうと思うかも知れないけど、心の中にドラマを持ってる。」

私は、ながいことサキフチと付き合ってきて、その暮らしを見、話を聞いてきて、心から尊敬の思いを抱いていますが、フチを偉い人として持ち上げたいのではないのです。生まれたところに住み、生涯つつましい質素な暮らしを続け、富貴を求めず、人と山や川や山菜や四季の変化に感謝し、祈りの心を持って生きている姿に、心の温まる贈り物をいただいていることへのお礼の気持ちです。

謝辞

弓野恵子

私が物心ついたその頃から、日ごろの暮らしの中で、ババやかあさんが、まず、アペフチカムイ、それからワッカウシカムイ、そのほかのカムイの名前を呼びながら、祈る姿を見ながら育ちました。

誰かが病気をしたときはすぐにお椀についだお神酒を、パスイの先につけてはストーブの炎に向けて捧げながらお祈りするのです。春と秋にするカムイノミのときには、出稼ぎに行っていた父や、ジッチャがちゃんとしたイナウをこしらえて外のヌサ場に立ててね。その前には、頭のついた魚、タバコ、シト（団子）、混ぜごはんやお菓子等、たくさんの食べ物を並べてあるのです。ヌサの前にはゴザを敷いて何人も座れるようになっていました。今思えば秋の終わりだったから、たくさんの実りをありがとうのパセオンカムイノミをしていたんですよね。村の知り合いのエカシやババの友だちもやってきて、アイヌ語で楽しそうに笑ってね。

カムイノミが始まると、ジッチャはアイヌ語で朗々と祈りの言葉をいうのですが、何かの歌をうたうようなゆるやかなメロディーに聞こえたのが、今でも私の耳に残っています。

カムイノミの後は、ババや近所のウタリ方々どもにイチャルパ（先祖供養）。皆それぞれ、亡くなった方々の名前をいいながら、食べ物飲み物を捧げるのです。

最後の頃に私たち子どもも、大人と同じように食べ物をちぎってあげてお祈りしました。そのとき、かあさんがパスイの先にお神酒をつけて、私の頭と両肩にちょんちょんとつけているので、なぜと聞くと、人間には一人一人につき神様がついていて、頭にいたり、あるときは両方の肩を行ったり来たりして守っているんだよ。これからはお祈りするときには必ずつき神様にも、お神酒を捧げなさいよ、ということでそのようにしておりま

イナウ（神に捧げる木の削り掛け）

す。

カムイノミの後は、必ずする儀式があって、私十二歳、妹九歳、弟五歳と三歳、その下の赤ちゃん皆一列に並ばされ、そのうちにババが笹の葉っぱやヨモギの枝のちょっととげとげしたつる状のものを二つに束ねて両手に持って、水を口に含み、霧状にプウーッと吹きかけながら、子どもたちの頭から足の先まで、フッサ、フッサと束ねたもので体をはらうのです。たまに、とげが当たると痛いので、弟たちが泣いて逃げ回るのをつかまえるのが私の役目でした。

これは、アイヌ語で「カシケキク」といって悪魔払いの儀式だったのです。昭和三十年から四十一年ごろまでの私が体験したアイヌプリでした。

いつでも良い心でもって暮らしなさいよ。良い心であれば、言葉も良い言葉になるの、言葉も生きものなんだよ。人間と同じ心があるの。悪い言葉を使うと悪いカムイがとりついて、もっとやれ、もっとやれって、しまいには嘘をついたり、ますます悪いほうに向いていくようになる。心が大事、言葉はもっと大事、いつでも感謝の心を持って暮らしなさい。

たまに里帰りするたびに妹、弟たちも集まって、父と母と共にいつ果てるともなく、われ先に話し、笑い、しまいには成人したきょうだいでプロレスごっこをしたり、今度はかあさんもまじって、音楽をかけて、そのとき流行のディスコを踊ったり大さわぎ。父さんは、一杯飲みながら、まったくいい大人が、といいながら見ていたっけ。

ババは人が大好き話が大好きで「近い山から来ても遠山、遠くから来てもサキ。あんたは金持ちでしょうけども、私は病気持ちなんだ。病気の問屋」。病気の問屋であるかあさんですが、問屋なのでたまに病気をおろさなければならなくて、五、六年前、私のところに来ているときに倒れて、二か月間入院、もうだめかと思いましたが、見事によみがえりました。さらに、二年前の九月また倒れ。今度こそお別れかと皆が思ったのですが、またもカムイに助けていただき、自分の家に帰ることができました。ほんとうにたまげるのは、八か月間もベットで寝たきりでいて、テレビも、ラジオも見ないでいるのに、頭脳明晰で記憶力がすごい。足腰も弱っているはずなのに手押し車の力を借りて自分でトイレにも行ける。足腰はきっと農業などで鍛えたたまもの、頭はといえば、きっと子どものときからのつらい経験があったからこそ。良い心で人と話すことによって力をもらい、頭を磨くことができた。それが生きるんだ、という原動力となっているのかなと思います。

謝　辞

そして今、三女の悦子の世話になりながら朝晩カムイに感謝の祈りを捧げ、たくさんのカムイと共に暮らしているのです。

このかあさんの生きた軌跡を一冊の本にするにあたり、七年もたってしまいました。

一番最初にこのきっかけを作ってくださいました方に心からお礼申し上げます。様々な出来事があり五年まえに途中で挫折もしましたが、これこそカムイのおかげと思います。そしてたくさんの皆々様方のおかげです。この紙面を借りて、お礼を述べさせていただきたいと思います。

お力を下さいました皆々様、パセノポ　イヤイライケレー。

平成三十年十一月吉日

遠山サキフチは、平成三十年十二月十五日に逝去されました。

著 者 略 歴

遠山サキ（1928年－2018年）

北海道浦河郡浦河町姉茶生まれ。アイヌ文化全般にわたる知識と技能・技術を体得した伝承者であり、昭和35年、姉茶民芸品研究会設立以来、アイヌ古式舞踊の伝承・保存活動に従事するとともに、アイヌ文化やアイヌ語の振興と伝承・保存に尽力し、アイヌ文化伝承者の第一人者として数えられるようになる。

昭和46年、日高民芸品コンクール受賞。昭和54年、浦河ウタリ文化保存会理事に就任。機動職業訓練織布科、浦河アイヌ語教室、財団法人アイヌ民族博物館の職員研修などにおいて講師として後進の指導育成に尽力。昭和63年、浦河町文化奨励賞受賞。平成9～12年、浦河町立郷土博物館主催アイヌ文化セミナー講師。平成10年「世界口琴大会」出場。平成13年第37回北海道文化財保護功労賞受賞。平成16年アイヌ文化奨励賞受賞（財団法人アイヌ文化振興・研究推進機構）。平成21年、アイヌ文化賞受賞。

昭和58年から全国の物産展への出展、三人展・三世代展・講演会などの幅広い活動に従事し、国内外においてアイヌのフチの代表として先住民や様々な団体との文化交流を通してアイヌ文化やアイヌ語の普及や啓発に大きく貢献した。平成30年12月死去。

弓野恵子

1948年生まれ。平成15年三世代シネウㇷ゚ソㇿの会を母サキと共に立ち上げてからアイヌ文化を勉強し始める。アイヌ文化財団主催、第十一回・第十三回「アイヌ語弁論大会」口承文芸部門・弁論部門において最優秀賞を受賞。平成28年にアイヌ文化財団主催、アイヌ文化奨励賞を受賞。現在は多くの人にアイヌ文化を伝えるために、アイヌ文化アドバイザーとして活動している。

アネサラ シネウプソロ
～アイヌとして生きた遠山サキの生涯～

2019年3月20日　初版発行

著　者　遠山サキ（語り）＋弓野恵子（聞き書き）©

発行人　増田圭一郎

発行所　株式会社　地《ち》　湧《ゆう》　社
東京都港区北青山1-5-12-501（〒107-0061）
電　話　03-3258-1251　郵便振替　00120-5-36341

装幀　大野リサ
写真　須藤義人
編集協力　大津明子
組版　インターノーツ
印刷所　中央精版印刷株式会社

2019 Printed in Japan
ISBN 978-4-88503-249-3 C0095 Y1800E